August Wilhelm Schynse, Karl Hespers

Zwei Jahre am Congo

Erlebnisse und Schilderungen

August Wilhelm Schynse, Karl Hespers

Zwei Jahre am Congo
Erlebnisse und Schilderungen

ISBN/EAN: 9783744623728

Hergestellt in Europa, USA, Kanada, Australien, Japan

Cover: Foto ©Andreas Hilbeck / pixelio.de

Weitere Bücher finden Sie auf **www.hansebooks.com**

ZWEI JAHRE AM CONGO

Von P. Aug. Schynse.

Mit sieben Illustrationen nach Original-Photographien.

Herausgegeben von Karl Hespers.

Köln 1889.

Druck und Commissions-Verlag von J. P. Bachem.

Schriften der Görres-Gesellschaft

zur Pflege der Wissenschaft im katholischen Deutschland.

Jahresberichte und Vereinsgaben.

Commissions-Verlag von J. P. Bachem in Köln.

1876. Jahresbericht. 48 Seiten. Vereinsschrift. 1. Zur Einführung. 2. Prof. Dr. J. Hergenröther, Der heilige Athanasius der Große. 3. Prof. Dr. Franz Kaulen, Assyrien und Babylonien nach den neuesten Entdeckungen. 186 Seiten, geh. M. 3.—. (Vergriffen.)

1877. Prof. Dr. Th. Simar, Der Aberglaube. II. Auflage. (I. Vereinsschrift.) 80 Seiten. geh. M. 1.20.

Carl Berthold, Die Herrschaft der Zweckmäßigkeit in der Natur. (II. Vereinsschrift.) 98 S. geh. M. 1.60. (Vergriffen.)

Reinhold Baumstark, Die spanische National-Literatur im Zeitalter der habsburgischen Könige. (III. Vereinsschrift.) 110 S. geh. M. 1.80.

Jahresbericht. 60 Seiten.

Bericht über die Verhandlungen der Section für Philosophie 29. 8. 1877. 100 Seiten. (Vergriffen.)

1878. Dr. P. Haffner, Eine Studie über G. E. Lessing. 2. Auflage. (I Vereinsschrift.) 112 Seiten. geh. M. 1.80.

Dr. Friedr. Mahler, Eine Nilfahrt. (II. Vereinsschrift.) 104 Seiten. geh. M. 1.80.

Dr. J. B. Heinrich, Clemens Brentano. (III. Vereinsschrift.) 112 Seiten. geh. M. 1.80.

Jahresbericht. 156 Seiten.

1879. Fr. Hettinger, Die Theologie der göttlichen Komödie des Dante Alighieri in ihren Grundzügen. (I. Vereinsschrift.) 112 S. geh. M. 2.25.

Dr. Franz Falk, Die Druckkunst im Dienste der Kirche, zunächst in Deutschland bis zum Jahre 1520. (II. Vereinsschrift.) 112 S. geh. M. 1.80.

Heinrich Rodenstein, Bau u. Leben der Pflanze, teleologisch dargestellt. (III. Vereinsschrift.) 101 Seiten. geh. M. 1.80.

Jahresbericht. 64 Seiten.

1880. Jos. Galland, Die Fürstin Amalie von Gallitzin und ihre Freunde. I. Theil. (I. Vereinsschrift.) 112 Seiten. geh. M. 1.80.

Dr. P. Norrenberg, Frauenarbeit und Arbeiterinnen-Erziehung in deutscher Vorzeit. (II. Vereinsschrift.) 112 Seiten. geh. M. 1.80.

Jos. Galland, Die Fürstin Amalie von Gallitzin und ihre Freunde. II. Theil. (III. Vereinsschrift.) 132 S. geh. M. 1.80.

Jahresbericht. 58 Seiten.

1881. Leopold Kaufman, Albrecht Dürer. (I. Vereinsschrift.) 120 Seiten. geh. M. 1.80.

Dr. Baudri, Weihbischof, Der Erzbischof von Köln, Johannes Cardinal von Geissel und seine Zeit. (II. u. III. Vereinsschrift.) 336 Seiten. geh. M. 5.—.

Jahresbericht. 32 Seiten.

1882. Prof. Dr. Const. Gutberlet, Der Spiritismus. (I. Vereinsschrift.) 104 Seiten. geh. M. 1.80.

Karl Unkel, Berthold von Regensburg. (II. Vereinsschrift.) 124 Seiten. geh. M. 1.80.

Prof. Dr. P. P. M. Alberdingk Thijm, Philipp van Marnix, Herr von Sanct-Aldegonde. Ein Lebensbild aus der Zeit des Abfalls der Niederlande. (III. Vereinsschrift.) 68 Seiten. geh. M. 1.20.

Jahresbericht. 10 Seiten.

1883. Dr. Jos. Pohle, P. Angelo Secchi. Ein Lebens- und Culturbild. (I. Vereinsschrift.) 164 Seiten. geh. M. 2.50.

Dr. Karl Grube, Gerhard Groot und seine Stiftungen. (II. Vereinsschrift.) 108 Seiten. geh. M. 1.80.

Dr. Herm. Cardauns, Der Sturz Maria Stuart's. (III. Vereinsschrift.) 116 Seiten. geh. M. 1.80.

Jahresbericht. 41 Seiten.

(Fortsetzung siehe 3. Seite des Umschlages.)

Zwei Jahre am Congo.

Erlebnisse und Schilderungen

von

P. Aug. Schynse.

Herausgegeben von Karl Hespers.

Mit sieben Abbildungen

nach Original Photographien des Verfassers.

Köln, 1889.

Druck und Commissions-Verlag von J. P. Bachem.

11109

Inhalt.

P. Auguſt Wilhelm Schynſe.

Einleitung.

P. Auguſt Wilhelm Schynſe wurde am 21. Juni 1857 als älteſter Sohn des von Dalberg'ſchen Domainen=Verwalters Schynſe zu Wallhauſen, Kreis Kreuznach, geboren. Er beſuchte die Gymnaſien zu Kreuznach und Trier. Nach vorzüglich beſtandenem Abiturienten=Examen ſtudirte er drei Jahre Theologie an der Bonner Univerſität und trat Herbſt 1879 in das Prieſterſeminar zu Speyer. Am 21. Auguſt 1880 empfing er die Prieſterweihe und wurde zunächſt Hausgeiſtlicher bei Baron von Geyr auf Schloß Caen bei Geldern.

Doch ſchon von früheſter Jugend an hatte der Wunſch in ihm gelebt, als Miſſionar in heidniſchen Ländern, insbeſondere in Africa, wirken zu können. In einem Briefe, den er kurz vor ſeiner Prieſterweihe aus dem Seminar zu Speyer an seine Familie richtete, schreibt er: „Es wird allmälig Zeit, daß ich über diesen Jugendtraum etwas ernstlicher nachdenke; daß ich ihn verwirkliche, steht bei Gott. Ich darf aber über diesen Beruf nicht hinweggehen, der meine Jugend beseligte, der mich auf der Universität vor manchen Gefahren schützte und der jetzt mehr denn je mir bei Schritt und Tritt vor Augen steht. Ich will eine anstrengende, aufreibende Arbeit, und die ist mir dann sicher." Mit gutem Humor sucht er die Seinigen über diese Ankündigung zu beruhigen, indem er fortfährt: „Uebrigens haben mich die Krokodile noch lange nicht, und das erste, das mir begegnet, wird sich sehr wundern über die Correspondenz, die ich mit ihm anknüpfe; es wird wohl keine Missionare mehr fressen. Seine Haut werde ich dem naturwissenschaftlichen Cabinet Jacob's (seines Bruders) widmen und aus einem seiner hohlen Zähne sollst du eine Näh= nadelbüchse bekommen. Wie du siehst, bin ich mit meinen Plänen schon ganz im Reinen. Ich werde nächstens aus Stanley's »Quer durch den dunkeln Continent« die Beschaffenheit von Land und Leuten an den großen Seen Africa's, dem Victoria=Nyanza, dem Tanganika u. s. w. studiren, und dann ein Promemoria ausarbeiten, wie man am besten Africa von einem dieser Seen aus christianisiren kann; natürlich muß ich aber zu dem Zwecke mich auch in etwa selbst an Ort und Stelle um= geschaut haben. Also summa summarum: fort muß ich, sonst wird man noch lange auf diese epochemachende Schrift warten können."

Sein Jugendtraum sollte bald verwirklicht werden. Im August 1882 wandte er sich an Cardinal Lavigerie um Aufnahme in die Genossenschaft der algerischen Missionare, und schon am 17. September desselben Jahres schiffte er sich nach Algier ein. Im folgenden Jahre kehrte er nach Europa zurück, um besonders in Oesterreich und Holland Mittel für die africanischen Missionen zu sammeln. Hierauf war er an der apostolischen Schule thätig, welche Cardinal Lavigerie in Lille als Pflanzstätte von Missionspriestern gegründet hatte, half dann bei der Einrichtung einer ähnlichen Anstalt in Brüssel. Hier erhielt er am 9. Juni 1885 die telegraphische Weisung, sich einer nach dem Congo bestimmten Missions= Expedition seiner Genossenschaft anzuschließen. Bereits am 6. Juli schiffte sich P. Schynse mit seinen Gefährten in Lissabon ein und landete am 27. Juli zu Banana an der Congomündung. Ueber die Reise von Ba= nana bis oberhalb der Mündung des Kassai, über die Gründung der Missionsstation in Bungana bei dem Volke der Bayanzi wie über die Rückkehr zur Küste berichten das vorliegende Tagebuch wie die Auszüge aus Familien= und Freundesbriefen.

Am 19. Juni 1887 nach Algier zurückgekehrt, verweilte P. Schynse ein Jahr in dem kleinen Seminar seiner Congregation, St. Eugen bei

Algier; dann erhielt er den Auftrag, mit einer neuen Missionskarawane, bestehend aus vier Priestern, zwei Brüdern und drei an der Universität zu Malta ausgebildeten schwarzen Aerzten in das Innere von Ostafrica zu gehen. Am 17. Juli 1888 schiffte er sich in Marseille nach Sansibar ein und erreichte von Saadani aus nach 2½-monatlichem Marsche die Missionsanstalt Kipalapala bei Tabora.

Die Genossenschaft der algerischen Missionare (Société des missionaires de Notre Dame des missions d'Afrique d'Alger), welcher Pater Schynse angehört, war schon 1868 von Lavigerie, seit 1866 Erzbischof von Algier, gegründet worden. Eines Tages, so erzählt Cardinal Lavigerie selbst den Ursprung der Congregation, führte mir der Vorsteher des großen Seminars von Algier, der ehrwürdige Greis P. Girard, einige junge Seminaristen zu. Diese erklärten mir, daß sie, von einem unwiderstehlichen innern Antrieb geleitet, sich ausschließlich dem Apostolat unter den Mohammedanern und Heiden Africa's widmen wollten. Einer von ihnen war P. Degnerry, späterer General-Oberer der Genossenschaft, ein anderer P. Charmetant, nachher General-Procurator des Ordens. Wenige Wochen nach dieser Erklärung begann schon das Noviziat der jungen Missions-Gesellschaft.

Die Missionare übernahmen zuerst die Leitung von Waisenhäusern, welche der Erzbischof für die arabische Bevölkerung gegründet hatte. Kaum hatte er nämlich den erzbischöflichen Stuhl von Algier bestiegen, als in seiner Diöcese eine schreckliche Hungersnoth ausbrach, welche Tausende von Opfern forderte. Vom November 1867 bis Juni 1868 mußte der edle Bischof 1800 Kinder in seine Waisenhäuser aufnehmen, sie nähren und kleiden. Als die Hungersnoth beendigt war, blieben ihm noch etwa 1000 Knaben und Mädchen. Aus den Waisenhäusern gingen christliche Familien hervor, die man nach Art der Reductionen von Paraguay in eigenen Dörfern ansiedelte, welche von Mitgliedern der Congregation geleitet wurden. Außerdem gründeten sie in Kabylien und im Süden von Algier eigentliche Missionsstationen. Hier unterhalten sie Schulen, unterstützen die Armen und helfen den Kranken. Hülfreiche Hand bieten ihnen die Schwestern der Mission, welche an Frauen und Mädchen die Werke der christlichen Nächstenliebe üben.

Mit dem steigenden Wachsthum der Genossenschaft erweiterte sich auch ihr Arbeitsfeld. Von dem im Jahre 1846 errichteten apostolischen Vicariat Central Africa wurde die apostolische Präfectur Westsahara und Sudan im Süden von Marocco, Algier und Tunis getrennt und den algerischen Missionaren übertragen. Die wiederholten Versuche, von Norden her Timbuktu, welches die Centralstation werden sollte, zu erreichen, scheiterten. Mehrere Mitglieder der Mission starben den Martertod.

Nach den großartigen Entdeckungsreisen Cameron's und Stanley's übertrug Papst Leo XIII. am 24. Februar 1878 der Genossenschaft die Mission in dem Gebiete der großen Seen Inner-Africa's und des obern Congo. Vier Missions-Centren wurden von der Congregation der Propaganda festgesetzt: der Victoria-Nyanza, der Tanganika, Mussumba, die Hauptstadt des Muata Yamwo, und der nördliche Bogen des Congo.

Schon am 25. März 1878 reisten die ersten zehn algerischen Missionare nach Sansibar: fünf unter Leitung des P. Livinhac für den Victoria Nyanza, fünf unter P. Pascal für den Tanganika bestimmt. P. Pascal sollte sein Ziel nicht erreichen; er starb schon am 18. August 1878 in Ugogo [1]).

Seine Gefährten kamen Ende Januar 1879 am Tanganika an. Sie ließen sich zuerst in Udschidschi nieder; doch bald erkannten sie, daß sie wegen des großen Einflusses, welchen die Araber dort ausübten, nicht die nöthige Freiheit haben würden. Daher wählten sie Urundi, nördlich von Udschidschi, und begannen sogleich ihr Werk mit Loskauf und Erziehung von Negerkindern. Inzwischen folgten noch mehrere Missions Karawanen der ersten und gründeten eine Reihe von Stationen am Tanganika, z. B. Mulonewa im Gebiete der Massanse, ferner Karema, Mpala, Kibanga; dann auf dem Wege von der Küste zum See Mdabura an der Grenze von Ugogo, westlich vom apostolischen Vicariat Nord-Sansibar, weiter in Tabora, einem der wichtigsten Punkte Ost-Africa's, endlich in der Nähe von Tabora St. Joseph von Kipalapala mit einer blühenden Waisen-Anstalt. Das Provicariat Tanganika wurde vom h. Stuhl zum apostolischen Vicariat erhoben. Erster apostolischer Vicar wurde P. Charbonnier, der am 24. August 1887 in Kipalapala zum Bischof von Utika geweiht wurde.

Die für den Victoria-Nyanza bestimmten Missionare unter Führung des P. Livinhac gelangten im Juni 1879 nach Uganda, dem Reiche des Königs Mtesa, und gründeten die erste Missionsstation in Rubaga, der Residenz des Königs. Die Mission war in raschem Aufblühen; doch schon 1883 sahen sich die Missionare genöthigt, die Station nach dem Südende des See's, nach Bukumbi zu verlegen. Nach dem Tode des Königs Mtesa kehrten sie nach Uganda zurück. Die Mission hatte nun die wechselvollsten Schicksale, bis schließlich die von den Arabern entfesselten Unruhen sie zwangen, die Station abermals aufzugeben und sich an das Südende des See's zurückzuziehen. Das Provicariat Nyanza war inzwischen in ein apostolisches Vicariat umgewandelt und P. Livin-

---

[1]) A l'Assaut des pays nègres. Journal des missionaires d'Alger dans l'Afrique équatoriale. Paris 1884.

hac als apostolischer Vicar am 14. September 1884 zum Bischof von Pacando geweiht worden[1].

Schon seit längerer Zeit hatten die algerischen Missionare des Tanganika beschlossen, von Mulouewa am Nordwestufer des See's zum obern Congo vorzudringen und in Nyangwe eine neue Niederlassung zu gründen. Bereits am 8. Mai 1884 berichtet P. Guillet über die Unter=handlungen, die er in Betreff dieses Planes mit Tipo=Tipo, dem mäch=tigen Händler am obern Congo, geführt hatte. Dieser hatte den Rath gegeben, nicht Manyema selber, sondern die Gegend jenseits des Lualaba zu wählen. Ein Versuch, zum Congo hinabzugehen, scheiterte; die Kara=wane wurde von räuberischen Negern überfallen und vernichtet.

Am 9. Februar 1883 waren die beiden P. P. Guyot und Bau=donnet von Algier abgereist, um von der Congo=Mündung aus den mittlern Lauf des Flusses vom Stanley=Pool bis Nyangwe zu besuchen und die Errichtung von zwei Stationen vorzubereiten. P. Guyot, welcher den Agenten Stanley's, Lieutenant Janssen, den Wabuma hinauf beglei=tet hatte, ertrank bei der Rückfahrt mit seinem Gefährten und acht Ruderern durch Umschlagen des Bootes bei Msuata unterhalb der Kwa=Mündung.

Diese Mißerfolge schreckten die Genossenschaft nicht ab, ein neues Unternehmen zu wagen. Im Jahre 1885 wurde eine Missions=Expedition unter Führung des P. Dupont ausgerüstet, die den Zweck hatte, den mittlern und obern Congo zu erforschen, um einer nachfolgenden Kara=wane die Wege zu bereiten und geeignete Stellen zur Anlage mehrerer Missionsstationen zu suchen. Mitglied dieser Expedition war P. Schynse, der über die Reisen und Arbeiten der Missionare in dieser Schrift berichtet.

Daß die von ihm und seinen Gefährten gegründete Station nicht von Dauer war, hatte seinen Grund in einer anderweitigen Organisation der Missionsgebiete. König Leopold von Belgien wünschte, daß in dem unter seiner Souverainetät stehenden Congostaate das Missionswerk bel-gischen Missionaren übertragen werde. Da die Grenzen der apostolischen Präfecturen Nord= und Süd=Ober=Congo nur provisorisch festgesetzt waren, so nahm Papst Leo XIII. eine andere Vertheilung der Missions=gebiete vor. Er errichtete am 11. Mai 1888 das apostolische Vicariat Belgisch=Congo, welches der Congregation vom unbefleckten Herzen Mariä von Scheutfeld übertragen wurde. Zugleich wurde mit dieser letztern das africanische Missions=Seminar zu Löwen vereinigt. Das Vicariat hat

---

[1] A. C. Grussenmeyer, Vingt-cinq années d'Épiscopat en France et en Afrique. Documents biographiques sur son Eminence le Cardinal Lavigerie. 2 t. Alger 1888.

im Norden, Süden und Westen die Grenzen des Congostaates, im Osten
aber den 30° östl. L. von Greenwich und zwar vom 4° nördl. Br. zum
Muta-Nsige-See und von dessen Südende bis zur Mündung des Lira
in den Lualaba, weiter diesen Fluß selbst, ferner das Westufer des Moero,
dann wieder den Lualaba bis zum Bangweolo-See. Im August 1888
kamen die ersten vier belgischen Missionare aus dem Hause von Scheutfeld am Congo an, um an der Mündung des Kassai ihre erste Niederlassung zu gründen.

Die neue Regelung der Missionen am Congo wird auch von Einfluß auf die bisherige apostolische Präfectur Congo sein. Diese erstreckte
sich an der Küste vom Cap Santa Katharina im Norden über die
Congo-Mündung bis zum Cunene-Flusse im Süden, nach Osten hin bis
zum Kassai. Sie umfaßte also auch einen beträchtlichen Theil des Congostaates. Innerhalb desselben hatten die Väter vom h. Geist, denen die
Präfectur anvertraut ist, von ihrer Hauptstation Landana in portugiesischem Gebiete aus mehrere Niederlassungen gegründet: in Banana, St.
Anton, Boma, Kwamouth an der Mündung des Kassai. Dazu kommt
noch die Mission St. Joseph de Linzolo bei Brazzaville am Stanley-
Pool auf französischem Gebiete. Da das Missionshaus von Scheutfeld
noch nicht über eine hinreichende Anzahl von Missionaren verfügt, so
bat der König von Belgien den Generalsuperior der Congregation vom
h. Geist, seine Missionare im Congostaate zu belassen.

An der Ostküste ist derselben Genossenschaft das apostolische Vicariat
Sansibar anvertraut, welches sich an der Küste von der Mündung des
Rovuma bis zum Cap Guardafui erstreckte und im Innern bis zum
Vicariate Tanganika reichte. Die Missionsstationen der Väter vom h.
Geist innerhalb dieses Gebietes sind: Sansibar, Bagamoyo, Mhonda,
Mandera, Mrogoro, La Longa, Condoa und Tununго.

Durch ein päpstliches Decret vom 13. November 1887 wurde vom
apostolischen Vicariate Sansibar, das jetzt den Namen Nord-Sansibar
erhielt, die apostolische Präfectur Süd-Sansibar getrennt und der deutschen St. Benedictus-Genossenschaft in Baiern übertragen. Erste Station
war das inzwischen zerstörte Pugu bei Dar-es-Salaam. Die Südgrenze
der neuen Präfectur folgt dem Rovuma, berührt dann die Nordgrenze
der portugiesischen Prälatur Mozambique, wendet sich dann nach Nord-
westen zum 10° südl. Br., folgt diesem bis zum Nyassa-See; die West-
grenze bildet eine Linie vom Nordende des Nyassa bis gen Ugogo; von
dort wendet sich die Nordgrenze dem Meere zu, welches sie südlich von
Bagamoyo bei Kondutschi erreicht.

Nach dieser Vertheilung der Missionsgebiete im Westen und Osten
von Aequatorial-Africa bleibt also der Genossenschaft der algerischen

Missionare die gewaltige Region der äquatorialen Seen, des Victoria-Nyanza und des Tanganika, wie des obern Qualaba.

Wenn auch ihr Versuch, am mittlern Congo festen Fuß zu fassen, aus den angeführten Gründen nicht gelang, so gewährt doch die Schilderung, welche P. Schynse uns von der Expedition zum Kassai, von der Gründung der Missionsstation bei den Bayanzi gibt, ein hohes Interesse.

Zwar erhebt das Tagebuch des Missionars nicht den Anspruch, neue geographische Entdeckungen zu bieten. Seit der epochemachenden Erforschung des Congo durch Stanley in den Jahren 1876—77 waren die Gegenden von der Mündung des Congo bis zu der neuen Missionsstation oberhalb der Mündung des Kassai wiederholt von Forschungsreisenden durchzogen und beschrieben worden. Stanley selbst hatte gleich bei seiner Rückkehr nach Europa im Januar 1878 von einer neu gebildeten Gesellschaft den Auftrag erhalten, an den Katarakten des untern Congo vorbei eine Verkehrsstraße anzulegen, mehrere Dampfer nach dem Stanley-Pool zu schaffen und an geeigneten Stellen Stationen als Stützpunkte für die Zwecke der Gesellschaft anzulegen. Diese Aufgabe löste der thatkräftige Forscher in den Jahren 1879—1883. Zugleich schloß er überall mit den Häuptlingen Verträge, so daß die Association das Protectorat über ein zusammenhängendes Gebiet zwischen den Stanley-Fällen und der Küste erhielt. Die Association Internationale du Congo beschloß nun, die von ihr erschlossenen Gebiete des Congo zu einem neuen Staatswesen zusammenzufassen und für dieses die Anerkennung der Mächte und Sicherung des Besitzstandes zu gewinnen. Während der Berliner Conferenz 1884 bis 1885 gelang es der Internationalen Association, von den einzelnen Großmächten die Anerkennung als souveraine Staatsgemeinschaft zu erhalten und zugleich mit den Nachbarn des neuen Congostaates, insbesondere mit Frankreich und Portugal, die Grenzen zu vereinbaren. Die Einrichtung des neuen Staatswesens führte zahlreiche Europäer an den Congo. Zugleich waren mehrere Missions-Gesellschaften thätig, mit ihren Stationen von dem Küstenlande zum mittlern und obern Congo vorzudringen. Das neu erschlossene Gebiet stellte den Forschungsreisenden eine Fülle lohnender Aufgaben: die wasserreichen Zuflüsse des Congo auf dem linken Ufer mußten sie hinaufleiten bis zur Wasserscheide des Congo und des Sambesi; die großen Nebenflüsse des rechten Ufers versprachen werthvolle Aufklärungen über die Gegenden zwischen Niger, Schari und Nil einerseits und dem Congo anderseits. So finden wir gleich nach Erschließung des Congo eine Anzahl ausgezeichneter Reisenden damit beschäftigt, die noch unbekannten Wasseradern und Landschaften zu wissenschaftlichen oder Handels- und Culturzwecken zu entschleiern.

Das Tagebuch des Missionars gibt uns nun ein bewegtes, farben-
reiches Bild von dieser Arbeit und Forschungsthätigkeit am Congo. In
buntem Wechsel ziehen an uns vorüber die Beamten und Agenten des
Congostaates verschiedenster Abstammung: Belgier, Franzosen, Schweden,
Engländer, Deutsche, Italiener, die Verwalter der Handelsfactoreien, die
katholischen Missionare der Congregation vom h. Geist wie die englischen
und die americanischen Baptisten, endlich die zahlreichen Forschungsreisenden.
Mit den meisten dieser letztern, die in den Jahren 1885—87 am Congo
thätig waren, trifft P. Schynse zusammen und vernimmt von ihnen selbst
die Ziele ihrer Forschung oder das Resultat ihrer Arbeit. So begegnen
uns in dem Tagebuche: Savorgnan de Brazza, der berühmte Erforscher
des Ogowe-Gebietes und der Gründer der großen französischen Aequa-
torial-Colonie zwischen Ogowe und Congo; Premierlieutenant Wißmann,
der eben von der erfolgreichen Reise auf dem Kassai (1885) zurückkehrt;
Professor Dr. Oscar Lenz, der sich anschickt, vom Congo aus zu Emin
Pascha vorzudringen, später aber genöthigt ist, sich über den Tanganika
zur Ostküste zu wenden; Dr. Joseph Chavanne, der Kartograph des
untern Congo-Gebietes; Dr. Büttner, der von San Salvador den Weg
zum Kwango gefunden; Kund und Tappenbeck, welche Wißmann's Forschungen
durch Entdeckungen am Sankurru fortsetzten und große Strecken des
mittlern Congo-Gebietes zu Lande durchzogen; Mitglieder der Wolf-
schen Expedition, welche 1886 einen directen Wasserweg von der Mündung des Kassai durch den Sankurru und Lomami bis einige Tagereisen
von Nyangwe entdeckte; Capitain van Gele, der den Ubangi erforschte und
dessen Identität mit dem Uelle feststellte; der englische Missionar Grenfell,
der sieben Jahre am Congo weilte und sich große Verdienste um die
Entschleierung der Nebenflüsse erwarb; endlich Stanley selbst, der in
Begleitung von Tipo-Tipo im Begriffe war, den Congo aufwärts zu
gehen, um Emin Pascha Hülfe zu bringen.

Geben diese mannigfachen Begegnungen dem Tagebuche des Missionars
einen eigenartigen Reiz, so sucht man in demselben vergebens jene in freier
dichterischer Gestaltung ausgeschmückten Darstellungen von Reise-Erlebnissen,
wie sie in zahlreichen Werken der Africa-Literatur üblich geworden sind.
Die einfache und schlichte, aber doch lebendig bewegte Schilderung des
Missionars trägt das Kennzeichen der Wahrheit in sich und zeugt von
scharfer Beobachtungsgabe. In wenigen, aber kräftigen und fesselnden
Strichen zeichnet der Reisende die charakteristischen Formen der Boden-
gestaltung, des Pflanzen- und Thierreiches, wie der Bevölkerung. Von
hohem Interesse ist sein unparteiisches Urtheil über das Land von der
Küste bis zum Stanley-Pool. So manchen schönfärberischen Berichten
gegenüber bestätigt P. Schynse mit aller Entschiedenheit das wenig ver-

lodende Bild, welches Zöller, Tisdel, Pechuel=Loesche, Wißmann, Lenz und Chavanne von den Gegenden am untern Congo entworfen haben. Gegen Stanley selbst erhebt P. Schynse keinen directen Vorwurf. Er ist sich wohl bewußt, daß Stanley's Darstellung an Uebertreibungen leidet, daß der berühmte Forscher seine Schöpfung in zu rosigem Lichte gesehen; aber P. Schynse weiß auch, daß man Herrn Stanley mit Unrecht vorwirft, die Schattenseiten der Gebirgsregion von der Küste zum Pool nicht hervorgehoben zu haben. Stanley sagt ausdrücklich: „Die frucht=bare Centralregion mit ihrem unbegrenzten Bodenreichthume ist das ei=gentliche Herz des äquatorialen Africa. Nicht die Hochlande der See=gegend mit den Millionen Schluchten und den engen, backofenheißen Thälern, kahlen Hügelspitzen und kleinen Grasebenen mit zerstreuten Baumgruppen oder dschungelartigen Wäldern strebte ich zu erreichen, sondern diese Millionen Aecker des ebensten Bodens, der eigentliche Kern Africa's, sind es, welche der Mühe werth sind, die ca. 360 Meter dicke, rauhe Bergschale zu durchbrechen, welche ihn von der Energie der Europäer trennt."

Indem das Tagebuch die Gründung der Missionsstation am mitt=lern Congo schildert, berichtet es zugleich über das rasche Gedeihen der gemachten Anpflanzungen, so daß an der Fruchtbarkeit des Bodens nicht zu zweifeln ist. Zugleich macht der Missionar schätzenswerthe Angaben über Pflanzen, die sich für die Cultur besonders eignen.

Von großem Werthe sind die sorgfältigen Aufzeichnungen über die ethnographischen Verhältnisse, insbesondere die vergleichenden Bemer=kungen über die Bakongo, Bateke, Babuma und Bayanzi. Der freund=schaftliche Verkehr, in welchen die Missionare namentlich mit den letztern traten, machte es ihnen möglich, die Lebensweise und Sprache, die Rechts=pflege und die religiösen Vorstellungen dieser Völkerschaften kennen zu lernen. So erscheinen die Aufzeichnungen des Missionars als eine wirk=liche Bereicherung der Literatur über Aequatorial-Africa.

Da der Verfasser gegenwärtig in der Missionsstation Kipalapala bei Tabora in Ostafrica weilt, konnte er selbst sein Tagebuch nicht einer eingehenden Prüfung unterwerfen; ich gebe es daher — abgesehen von einigen Kürzungen und kleinen stilistischen Aenderungen — so wieder, wie er es an Ort und Stelle niedergeschrieben hat. Mehrere Auszüge aus Familien= und Freundesbriefen, die mir freundlichst zur Verfügung gestellt wurden, ergänzen das Tagebuch nach verschiedenen Richtungen hin. Zum bessern Verständnisse habe ich an geeigneten Stellen erläuternde Anmerkungen hinzugefügt.

Köln, im Mai 1889.

Karl Hespers.

I. Vorbereitungen am untern Congo.

Am 9. Juni [1885] erhielt ich einen telegraphischen Befehl, mich der nach dem Congo bestimmten Missions-Expedition unter Führung des P. Dupont anzuschließen. Der Zweck unserer Mission ist die Erforschung des mittlern und obern Congo, um so einer nachfolgenden Karawane den Weg zu bereiten und geeignete Stellen zur Anlegung mehrerer Missionsstationen zu suchen. Am 10. Juni, Abends 5 Uhr, langte ich in Paris an und stellte mich meinem Obern zur Verfügung. Ich fand dort außerdem P. Merlon, einen Belgier; das Personal der Karawane war vollständig. Unsere Abreise stieß auf Schwierigkeiten; der von Liverpool nach Banana bestimmte Dampfer segelte bereits am 17. Juni ab, und es war unmöglich, denselben noch zu erreichen. Wir schickten unser Gepäck nach Hamburg an Herrn Woermann, damit derselbe es auf seinem Dampfer „Karl Woermann" nach Banana (Congo-Mündung) einschiffe. Zugleich ersuchten wir ihn, uns Passage auf gleichem Dampfer zu gewähren. Leider waren die Kabinen bereits durch den österreichischen Africaforscher Herrn Dr. Lenz [1]) mit Beschlag belegt. Wir nahmen darauf telegraphisch unsere Plätze auf dem am 6. Juli von Lissabon nach der africanischen Westküste abgehenden Dampfer „Cabo Verde", verließen Paris am 22. Juni, 1 Uhr Nachmittags, schifften uns Abends 9 Uhr in Havre nach Southampton an Bord des „Wolf" ein, und am 24., Nachmittags 5 Uhr von dort an Bord des „Trent" nach Lissabon. Wir wählten diesen Umweg, um der an der spanisch-portugiesischen Grenze mit Rücksicht auf die in Spanien herrschende Cholera angeordneten siebentägigen Quarantaine zu entgehen. Es bekam uns übel. Der „Trent" berührte

---

[1]) Professor Dr. Oscar Lenz sollte im Auftrage der K. K. Wiener Geographischen Gesellschaft die Wasserscheide zwischen Congo und Nil erforschen. Sein Begleiter war der durch seine Studien in Montenegro bekannt gewordene junge Naturforscher Dr. Baumann. Im November 1885 kam Lenz am Stanley-Pool an. Baumann mußte bald wegen Krankheit nach Europa zurückkehren; auch Lenz konnte das ihm gestellte Ziel nicht erreichen; er fuhr 1886 den Congo aufwärts, gelangte an den Tanganika, befuhr diesen und den Nyassa, dann den Schire und den untern Sambesi bis an die Ostküste. Am 14. Januar 1887 traf er in Sansibar ein.

Vigo in Galicien, und das Vergnügen, die deutsche Flagge dort begrüße zu können — eine deutsche Kriegscorvette lag in der prachtvollen Bc vor Anker —, wog nicht die Folgen auf: am 28. Juni ließen wir i den Tajo ein und wurden sofort als choleraverdächtig nach dem prächti gelegenen und gut ausgestatteten Lazareth gebracht, um dort eine fünf tägige Quarantaine zu verbüßen.

Am 6. Juli verließen wir Portugal mit dem „Cabo Verde". Di See war schön und blieb es während der ganzen Reise. Am 8. Jul berührten wir Madeira, wo die PP. Lazaristen uns die liebevollste Auf nahme gewährten. Am 12. ankerten wir vor Porto grande, dem beste Hafen der Cap Verde-Gruppe. Doch ist die Insel St. Vincent da ödeste Land, das ich je gesehen; selbst in der Sahara finden sich nu wenig Stellen von gleicher Armuth des Bodens. Die Insel ist ei Durcheinander vulcanischer Gebirge, ohne jegliche Vegetation, selbst da Trinkwasser fehlt. Die Bewohner leiden sichtlich in Folge dieser Armuth Am 13. landeten wir in La Praya auf der Insel Santiago. Der Hafe ist unbedeutend, die Insel indessen reich und treibt regen Handel mi den Körnern der Ricinuspflanze; die Bevölkerung ist chokoladebraun un von einer nicht unangenehmen Körperbildung. Am 16., Abends 6 Uhr liefen wir in die Bucht von Bulama (Bissagos-Inseln) ein. Zum erster Mal sah ich dort tropischen Pflanzenwuchs und eine bis in's Meer hinab- steigende Vegetation.

Wir verließen Bulama am 17., Morgens 11 Uhr, umsegelten Cap Palmas und erreichten am 22. Morgens die Prinzen-Insel. Die Bucht, in die wir einliefen, ist sehr schmal, die Küste steigt steil aus dem Meere auf bis zu einer Höhe von 50—60 Meter. Dahinter thürmen sich vulcanische Kegel auf, einer steil wie ein Obelisk. Aber alles, vom Meeresstrande bis auf die höchsten Spitzen, ist von der üppigsten Vege- tation bedeckt. Außer den wenigen Häusern der Landestelle auch keine Spur menschlicher Ansiedelung; die eingeborene Negerbevölkerung zog sich wegen der vom Meere her wehenden Winde nach dem Innern zurück.

Am 23. warfen wir Anker vor St. Thome, der blühendsten portu- giesischen Colonie. „Majorum virtutibus, ut omnibus sit memoria" las ich auf einem öffentlichen Gebäude beim Landen in Lissabon. Die Tugenden der Nation gehören der Geschichte an. Aber die nie endenden Plackereien der Behörden stehen dem Aufschwung im Wege, und die Sitten eines großen Theiles der Colonialbevölkerung, die sich „weiße" nennt, aber das fremde Blut nicht verleugnen kann, sind von übelstem Einflusse auf die Eingeborenen-Bevölkerung. Tanzte man doch an Bord den Matobu der Neger, einen der sittenlosesten Tänze, aber hier waren es keine Wilden, sondern sich civilisirt und gebildet nennende Portugiesen.

Am 24. Abends verließen wir St. Thome. Der vom Congo kom=
mende Dampfer „Angola" grüßte zum Abschied mit einigen Raketen, wir
antworteten in gleicher Weise und senkten bei bengalischer Beleuchtung
drei Mal grüßend die Flagge. Dann ging es hinaus in die Nacht.
Das Schiff zog eine weit hinter ihm nachglänzende, feurige Furche in die
stille See, während Feuergarben um den Bug spritzten. „Wasserbrand!"
Am 26. Morgens bemerkten wir, daß das Meer eine andere Farbe
hatte; das Blau war in Schmutziggrün verwandelt, die vom Schiffe auf=
gewühlten Wogen zeigten eine schmutziggelbe Färbung. Der Congo machte
bereits seinen Einfluß geltend und doch waren wir noch über 100 See=
meilen von seiner Mündung entfernt! Diese Färbung nahm zu. Um
Mittag, als wir die Küste zu Gesicht bekamen, war das Meer graubraun,
und weit sich hinziehende Schaumlinien deuteten auf einen bedeutenden
Strom. Um 5 Uhr sahen wir die in's Meer vorspringende Südküste
der Congo=Mündung, Shart point, mit der vor kurzem in Folge der
Beschlüsse der Berliner=Conferenz dort gehißten portugiesischen Flagge [1]).
Um 5 Uhr liefen wir in den Congo ein. Es war zu spät, um noch
am selben Tage in Banana zu landen; einige Sandbänke machen große
Vorsicht nöthig. Der Congo hat an seiner Mündung eine Breite von
ungefähr zwei deutschen Meilen. Das Lot ergab eine Tiefe von 180
Metern, die indessen sehr sich ändert; an manchen Stellen nimmt sie stark
ab, und zwei Bänke steigen fast bis zur Wasserhöhe. Um 6 Uhr warfen
wir in der Nähe des Südufers Anker. Die aufsteigenden Nebel ver=
hinderten die Aussicht. Die Ufer sind flach, mit Urwald bedeckt.
Banana, 27. Juli 1885. Gegen $\frac{1}{2}$7 Uhr kam der Lotse von der
holländischen Factorei an Bord und um $\frac{1}{2}$8 Uhr warfen wir Anker in
der Bucht von Banana. Diese wird durch einen Congoarm gebildet, der,
durch eine Landzunge, eigentlich eine Sandbank, geschützt, parallel mit
dem Meere dem großen Strom zufließt, so daß der Congo nur eine
Mündung bildet. Das Meer nagt beständig an dieser Landzunge, auf
der andern Seite spült der Strom Stücke davon weg; wenn nicht bald
Schutzbauten unternommen werden, wird sie in einigen Jahren verschwun=
den sein und mit ihr der schöne geräumige Hafen von Banana, der einen
sehr guten Ankergrund hat und genügende Tiefe für die größten Schiffe.
Banana selbst scheint mir als Hafenstadt keine Zukunft zu haben. Die
Landzunge, auf der die europäischen Factoreien liegen, ist schmal und

---

[1]) Auf der Berliner Conferenz (1884—85) beanspruchte Portugal das ganze Mündungs=
land des Congo. Damit wäre der Congostaat gänzlich vom Meere abgeschnitten gewesen.
Nach langen Verhandlungen wurde das nördliche Ufer und ein Streifen Seeküste von
33 Kilometer dem Congostaate, das südliche Ufer bis zur Mündung des kleinen Flusses
Wango=Wango Portugal zugesprochen.

bereits vollständig besetzt durch eine holländische, französische, englische und portugiesische Factorei. Eine bescheidene Stelle zwischen denselben nimmt das neue Haus des Congostaates ein; es ist noch nicht vollständig fertiggestellt, wird aber bereits bewohnt und ist bestimmt, die Agenten des Congostaates auf ihrer Durchreise aufzunehmen. Auf der andern Seite der Bucht erstreckt sich unbewohnbarer, sumpfiger Urwald. Das Klima von Banana läßt überhaupt viel zu wünschen übrig; der Europäer verläßt diese Fiebergegend so rasch wie möglich, um gesundere Striche weiter aufwärts aufzusuchen. Da ferner die Seeschiffe leicht den Fluß hinaufgehen und einige Stromregulirungen genügen, um diese Fahrt voll= ständig sicher zu stellen, wird sich der Verkehr wohl bald von Banana ab und einem andern Punkte höher am Strome zuwenden, der bessere klimatische und topographische Verhältnisse hat, z. B. Boma.

Das Boot der internationalen Congo=Gesellschaft kam, um uns ab= zunehmen: den Lieutenant Van Gèle [1], Befehlshaber der Station an den Stanley=Fällen, mit vier Begleitern, Offizieren der belgischen Armee, und uns drei Missionare. Bald darauf landeten wir am Landungsplatze der Gesellschaft, wo wir von Herrn Hodister auf's beste empfangen wurden. Wir fanden in Banana außer dem Herrn Dr. Chavanne, Kar= tographen der Gesellschaft [2], Herrn Hermanns, Lieutenant der österreichischen Armee, Begleiter des Dr. Lenz, und einen andern Agenten der Gesell= schaft, welcher seiner Zeit in Nord=Africa sich in unserer Mission befand. Das Haus, aus Holz mit Bambuszwischenwänden und herumlaufender Veranda erbaut, war überfüllt, indessen wußte man bei dem guten Willen der Bewohner überall die angenehmste Seite herauszufinden. Am Nach= mittag besuchten wir die französische und holländische Factorei; namentlich letztere ist eine prächtige Niederlassung, von mächtigen Cocospalmen be=

---

[1] Van Gèle erforschte 1887 den Mobangi (Ubangi) zwischen 4 und 5° nördl. Br. und bis zum 22° östl. L. von Greenwich und löste dadurch die Uellefrage. Van Gèle's Befahrung des Mobangi hat dargethan, daß zwischen Dr. Junker's fernstem Punkte am Uelle und Van Gèle's äußerster Marke nur mehr ein kleiner Theil des Stromlaufes uner= forscht bleibt, daß mithin der Uelle, den manche als zum Schari gehörig betrachteten, zum System des Congo gehört.

[2] Dr. Jof. Chavanne, bekannter Wiener Geograph, wurde 1884 im Auftrage der internationalen Congo=Gesellschaft zum untern Congo geschickt, um topographische Auf= nahmen zu machen. Als P. Schynse ihn im Juli 1885 in Banana antraf, war Chavanne im Auftrage des Antwerpener Hauses A. de Roubaix mit den Vorbereitungen beschäftigt, um in der Umgebung von Boma und auf einer Congo=Insel Plantagen von einheimischen Nutzgewächsen anzulegen und über Noki und San Salvador zu den Kupfergruben von Bembe im Gebiete des Muschi=congo zu gelangen. Diese Forschungsreise wurde im August und September 1885 ausgeführt. Begleiter Chavanne's war Dr. Zintgraff aus Detmold, der sich besonders mit ethnographischen Forschungen beschäftigte.

schattet. Wir erfuhren zu unserer Freude, daß der „Heron" bereits andern Morgens nach Boma dampfe; wir verdankten das der Vermitte= lung des Herrn Van Gèle. Unsere Reise flußaufwärts war einigermaßen fraglich, denn die „Stadt Antwerpen" (la ville d'Anvers), ein kleiner, schöner Dampfer der internationalen Gesellschaft, war acht Tage vor unserer Ankunft bei dem „Fetischstein" auf einen Felsen gestoßen und gesunken. Der hochwürdige P. Präfect der Mission von Unter=Guinea, P. Carrie, ist mit einem Laienbruder nur mit genauer Noth dem Tode entgangen; ihr ganzes Gepäck ging verloren. P. Carrie erzählte uns den tragischen Vorgang, bei dem drei Neger den Tod fanden. Auf dem Dampfer befanden sich sämmtliche Würdenträger des Congostaates. Pater Carrie ging zuerst in einer elenden Barke an's Land, und seinem Auf= treten gelang es, die Neger zur Hülfeleistung zu bestimmen. Ohne ihre Piroguen hätte das Unglück ganz andere Folgen gehabt. Aber auch so ist es sehr zu beklagen, der Dienst auf dem untern Congo leidet sehr darunter, und mit dem Schiff sanken die für den Ober=Congo bestimmten Vorräthe von beträchtlichem Werth.

28. Juli. Morgens um 8 Uhr gingen wir an Bord des „Heron". Es ist ein kleiner, der Gesellschaft gehöriger Schraubendampfer von 110 Tonnen und 10 Fuß Tiefgang. Wir dampften aus der Bucht in den großen Strom, der hier eine Breite von etwa zwei Meilen hat. Außerdem gibt es noch eine Reihe kleinerer Wasseradern, so daß man ihn nicht vollständig überblicken kann. Die Ufer sind mit dichtem Ur= wald bedeckt, in dem noch keine Axt klang, bald hochstämmige Bäume mit dichtem Unterholz und durch Lianen verschlungen, bald niedrigeres Buschwerk, nur stellenweise von der Elaïs und einer Fächerpalme über= ragt. Kaum aus der Bucht heraus, sahen wir am Ufer ein Krokodil schlafend auf einer Sandbank. Ich schätzte es auf $3^{1}/_{2}$—4 Meter Länge, indessen mag die Entfernung (3—400 Meter) meine Schätzung etwas ungewiß machen. Das Reptil störte sich nicht im geringsten an unsern Dampfer, auch war die Entfernung zu groß, um es durch einen Flinten= schuß aufzurütteln.

Wenn man weiter den Fluß hinaufkommt, sieht man den Urwald verschwinden, bald bleibt nur noch Bambusdickicht (eine Palmenart, die man hier ihrer Anwendung wegen Bambus nennt) auf den sumpfigen Inseln, hier und da von einzelnen Palmen und Ficusarten überragt; dann sind die Ufer von Papyrus begrenzt, während hinter diesem Saume sich Savannen von über mannshohen Gräsern ausdehnen. Von Zeit zu Zeit sieht man europäische Factoreien am Strom, Filialen der Häuser von Banana. Der wichtigste Punkt ist Punta da Lenha (Windspitze), berühmt wegen seiner Orangen, die übrigens auch sonst gedeihen; in

Banana wurden uns sehr schöne von Eingeborenen aus der Umgegend angeboten, die an Wohlgeschmack nichts zu wünschen übrig ließen. Etwas oberhalb Punta da Lenha beginnt eine große Insel, die von einem Antwerpen'schen Hause (de Roubaix) angekauft wurde. Dr. Chavanne, der mit uns sich an Bord befand, will dort Kaffee= und andere Pflanzungen versuchen. Auf der Insel befinden sich neun Dörfer der Einge=borenen; Wald wechselt mit Savannen. Augenblicklich befand sich dort Herr Dr. Zintgraff [1]) mit einem Begleiter auf der Antilopenjagd. Der=selbe kam in einer Neger=Pirogue an Bord. Die Dinger sehen ziemlich bedenklich aus: ein ausgehöhlter Baumstamm von wechselnder Länge, 5—15 Meter lang und etwa 60—80 Ctm. breit, von aufrecht stehenden Negern gerudert. Indessen wenn man diese schwarzen Burschen und ihre Geschicklichkeit betrachtet, bekommt man Vertrauen. Wagen sie sich doch damit weit hinaus in die See, und Unglücksfälle sind sehr selten.

Gegen 3 Uhr kamen wir zu dem Fetischsteine und fanden dort die unglückliche „Stadt Antwerpen". Sie hängt noch auf dem Felsen, das Vordertheil ist versunken; man sieht bei der schiefen Stellung, welche das Schiff hat, einen Theil des Hinterdecks und ein Stück Schornstein. In Europa wäre es trotz der heftigen Strömung leicht, das Schiff zu heben. Hier indessen fehlen alle Vorrichtungen und man wird es wohl verloren geben müssen. Vielleicht macht man aber, wenn der Strom noch tiefer gefallen ist, Versuche, Schiff und Ladung zu retten.

Zugleich bekamen wir das Sanitorium von Boma in Sicht. Es ist die höchste Wohnung von Boma, 40 Meter über dem Fluß, und soll das schönste Haus an der ganzen Westküste sein. In Boma beginnt das Hügelland; der Wald ist vollständig verschwunden, nur in den Schluchten zeigen sich dichte Baumgruppen von Ficus und Palmen; die Höhen sind von Gräsern bedeckt, die jetzt, gelb und halb dürr geworden, der Gegend einen todten Anstrich geben. Auch viele Bäume haben ihr Laub verloren, der Himmel ist größtentheils bewölkt und die Temperatur niedrig (22—28 Grad Celsius). Dörfer der Eingeborenen sieht man nur wenig; sie zogen sich vom Fluß zurück; nur in der Ferne sieht man die Palmen, welche ihre Hütten beschatten.

Der Fluß ist jetzt vollständig sicher; früher trieben die Eingeborenen vielfach Piraterei. Der Verkehr zwischen den europäischen Factoreien wurde und wird noch durch Segelbarken vermittelt; trat nun Windstille ein, so überfielen Hunderte von Piroguen die unbeweglichen Boote und raubten sie aus. Das Einschreiten europäischer Kriegsschiffe machte dem Unfug ein Ende. Nach der Bestrafung eines Piratendorfes durch ein

---

[1]) Vgl. Seite 4, Anmerkung 2.

Kriegsschiff fanden die Neger ein paar Granaten, die nicht explodirt waren. Die Neger glaubten, es sei der Fetisch der Europäer, der ihre Dörfer verbrannt habe, und beschlossen, Rache zu nehmen. Der ganze Stamm wurde versammelt, ein großes Feuer angezündet und mit vieler Mühe die schweren Geschosse hineingeworfen. Der ganze Stamm tanzte bei Trommeln und Hörnerklang um das Feuer, bis der glühend gewordene Fetisch zersprang und arge Verwüstung unter der Menge an= richtete. Seit dieser Zeit hörte es, wie man mir sagte, mit dem Flußraub auf. Jetzt kann man auf einem Ruderboot ruhig den Fluß passiren; das Schlimmste, was einer solchen Nußschale noch begegnen kann, ist, von einem Flußpferd umgeworfen zu werden. Um 4 Uhr legte der „Heron" an der schönen eisernen Landebrücke der Gesellschaft an. Herr Delcommune nahm uns in Empfang und benach= richtigte auf unsern Wunsch die Patres vom h. Geist. Zwischenzeitlich hatten wir Gelegenheit, die neuen Anlagen von Boma zu bewundern. Ein kleiner Schienenweg führt von der Landebrücke nach den Magazinen; am Ufer sind Quaibauten begonnen, freilich noch sehr ursprünglich, rechts von der Landebrücke befindet sich eine Werkstätte zur Reparatur der „Bel= gique", eines kleinen Schraubendampfers. Man ist damit beschäftigt, die Fundamente zu einem weiten, als Magazin und Bureau dienenden Gebäude zu legen.

Bei Anbruch der Nacht kam P. Superior und führte uns nach der Mission auf der entgegengesetzten Seite von Boma. Wir passirten die verschiedenen Factoreien, holländische, französische, englische und portu= giesische, alle nach demselben Muster erbaut, lange, einstöckige, weiß ge= tünchte Holzbauten mit Veranda, seitwärts die Waarenschuppen, und kamen dann zu der kleinen Anhöhe, auf welcher die Mission liegt. Es ist die beste Stelle von Boma, wie man mir sagte. Auf der Mission fanden wir zum ersten Mal seit langer Zeit wieder eine Kapelle, ein Gotteshaus, zwar klein, aber doch mit all dem Schmuck versehen, den ein gläubiges Herz in wildem Lande zu bereiten weiß. Die Patres theilten mit uns ihre Mahlzeit und dann suchten wir Ruhe.

29. Juli. Boma=Vivi. „Um 8 Uhr Militairzeit," hatte man uns am Abend gesagt. Um ½8 stiegen wir in die der Mission gehörige Pirogue und vier kräftige Jungen ruderten uns in den Strom hinaus und abwärts zu dem unterhalb ankernden „Heron". Hier ist noch Platz für eine Stadt; das wellenförmige Land steigt allmälig an; die Lage von Boma ist gesund, einige Sumpfstellen sind leicht auszutrocknen, die Strömung ist nicht zu stark und der Strom bietet im Hauptarme eine 1300 Meter breite Fläche von großer Tiefe (20—60 Meter). Zudem spricht man davon, daß der die Livingstonefälle umgehende Schienenweg

bei Boma beginnen solle. Gegenüber Boma liegt die einem Portugiesen gehörige Insel Tschimbuku, eine weite Savanne mit einigen bewaldeten Höhen, etwas weiter aufwärts die schöne, waldbedeckte Prinzen-Insel, nur durch einen Arm von 20—25 Meter vom Festlande getrennt. Vor einigen Monaten verliefen sich auf die Insel drei Elephanten, von denen zwei angeschossen wurden, aber entkamen. An dem Stromufer sahen wir von Zeit zu Zeit europäische Factoreien, aber keine Negerdörfer. Die frühern Sklavenjagden haben sie verscheucht.

Um 1 Uhr ungefähr warf der „Heron" Anker vor Caracalla, wo sich nur eine englische Factorei befindet. Hier beginnt der Strom schwierig zu werden und der zehn Fuß Wasser ziehende „Heron" darf sich nicht weiter hinaufwagen. Wir sahen Vivi vor uns auf einer An-höhe, vielleicht eine Meile entfernt. Bald kam die kleine Dampfbarke „l'Esperance", um uns nach Vivi zu befördern. Das nöthigste Gepäck wurde überladen, noch ein Boot in's Schlepptau genommen und um 3 Uhr ging's wieder stromauf.

Eine Elfenbein- und Kautschuk-Karawane lagerte eben bei der Fac-torei. So viel ich in der Factorei sehen konnte, tauscht der Neger europäische Stoffe, bunte Baumwollzeuge und Taschentücher, wie man sie bei uns auf dem Lande oft sieht, dann Messer, Hüte, Perlen, weiße und namentlich echte Korallen, die er sehr gut zu unterscheiden weiß, Decken, Hüte, alte Kleider, Feuersteingewehre ein gegen die Landesprodukte: Elfenbein, Kautschuk, Erdnüsse und Palmöl; viele Karawanen nehmen auch Salz, das sie im Innern weiter verkaufen.

Um 3 Uhr verließen wir die Factorei, die uns gastliche Aufnahme gewährt hatte, und hofften in einer Stunde in Vivi zu sein. Wir hofften bloß; die „Esperance" war schadhaft, ihr Dampfdruck fiel sehr bedeu-tend, und als die Sonne unterging, waren wir bloß über den Strom gekommen nach der „belgischen Bucht". Der Maschinist erklärte uns, er müsse den Mond abwarten, da er sich nicht in die Wirbel wagen könne. Der Mond ging aber erst um 10 Uhr auf, was uns zu lang war, und so entschlossen wir uns, um 7 Uhr — es war stockfinster — den Weg nach Vivi zu Fuß zurückzulegen. Wir kletterten über Felsengeröll zu einer Hütte, der Wachtstube eines Postens von sechs Mann, nahmen dort zwei Haussa als Führer und machten uns auf den Weg. Aber welch ein Weg! Ohne Pfad, über riesige Quarzblöcke, durch mannshohes Gras bergauf, bergab, durch Dorndickicht und mit Schlingpflanzen durchzogene Schluchten. Unsere Haussas steckten mit ihren Fackeln von Zeit zu Zeit das dürre Gras in Brand zur Beleuchtung, indessen mußten wir dafür auch den Rauch mit in den Kauf nehmen. Man hatte dies von Vivi ge-sehen und Baron Reichlin, der zeitige Stationsvorsteher, sandte uns zwei

Beamten mit Laternen, die uns auf einen Pfad und nach 9 Uhr nach Vivi brachten. Daß das gut servirte Diner mundete, braucht nicht gesagt zu werden, wir hatten seit Morgen nichts gegessen.

In Vivi blieb ich nur einige Tage. P. Merlou erkrankte, und so mußte ich nach Banana, um unser mit dem „Karl Woermann" ankom= mendes Gepäck in Empfang zu nehmen. Ich blieb in Boma auf dem Sanitorium einige Tage und hatte Gelegenheit, mich in Gesellschaft unseres Landsmannes aus Aßmannshausen, Herrn Mahlmann[1]), in der Umgegend umzusehen. Es handelte sich darum, Hämmel, Ziegen und Hühner bei den Eingeborenen zu suchen. So verließen wir um ¹/₂8 das Sanitorium, zu Schutz und Trutz mit einem Sonnenschirme bewaff= net, machten es uns in der Hängematte so bequem wie möglich und ließen uns nördlich durch die wellige Gegend tragen. Meistens war der Blick durch zwei bis drei Meter hohes schilfiges Gras verhindert. Bisweilen fanden wir Bananen-, Maniok= und Erdnuß=Pflanzungen, die uns auf nahe Dörfer schließen ließen. Unsere Träger schleppten uns auf und ab, so daß man in der Hängematte bald fast senkrecht auf dem Kopf, bald auf den Füßen stand. Das Ganze schien mir anfangs etwas bedenklich, indessen lernte ich bald den sichern Tritt unserer Kabindaleute schätzen und vertraute mein Schicksal getrost ihren Schultern an.

Um 9 Uhr langten wir in einem aus etwa 15 Hütten bestehenden Dorfe an. Hier haust „König" Neor, ein noch ziemlich junger Mann von nicht unangenehmem Aeußern; aber zu verkaufen hatte er nichts. Die Hütten bestehen aus geflochtenen, coulissenartigen Wänden, die in kurzer Zeit zu einem Viereck zusammengerückt werden. Das Dach wird ebenfalls aus Palmenblättern und Bambus geflochten, auf einige Pfähle gehoben, die Wände werden herumgestellt und das Haus ist fertig. Da wir nichts fanden, gingen wir, nachdem der König seinen Matarbisch er= halten, weiter. Der Matarbisch spielt hier eine bedeutende Rolle, wie im Orient der Bakschisch; nichts ohne denselben, leider besteht er meistens hier in Schnaps.

Gegen ¹/₂11 Uhr erreichten wir, westlich gehend, das Dorf des „Königs" Schandje; es ist etwas größer als das von Neor. Hier be= reiteten uns die Weiber unser Mittagsmahl, ein Huhn, in frisch bereitetem Palmöl gekocht. Wir erhielten vom Könige eine Ziege zum Geschenk, d. h. mußten sie weit über den Werth bezahlen, und brachen gegen 1 Uhr auf; um 2¹/₂ Uhr waren wir wieder zu Hause.

An den folgenden Tagen besuchten wir noch andere Dörfer der Um= gegend mit wechselndem Erfolge. Es sind schon zu viele Europäer am

---

[1]) Derselbe führte die Aufsicht über das Sanitorium.

untern Congo, die Nachfrage nach frischem Fleisch also sehr bedeutend, das Land in Folge dessen ausgesogen und Lebensmittel sehr theuer. Man fängt darum an, Ochsen und Schafe von Mojamedes im Süden kommen zu lassen. Die portugiesische Factorei besitzt eine Ochsenheerde von fast 200 Stück im besten Zustande, ein Beweis, daß Viehzucht wohl am Congo zu treiben ist.

Am 16. August ging ich nach Banana, wo ich bis zum 30. September festgehalten wurde, ehe unsere letzten Gepäckstücke expedirt waren. Dann ging ich nach Boma, zugleich mit dem Justizminister des Congostaates, Herrn Janssens, und mehrern andern Herren. Dieselben gingen bereits andern Tags nach Vivi, ich folgte acht Tage später. Die Ufer waren noch trostloser als das erste Mal, fast alle Bäume hatten ihr Laub verloren; die Prinzen-Insel, die früher ein angenehmes Bild bot, sah ganz dürr aus, nur am Wasserstrande erfreuten einige Palmen und grüne, von Lianen durchzogene Bäume das Auge. Dies Mal war ich an Bord der reparirten „Belgique“. Wir langten ohne besondere Zufälle in Matadi, etwas unterhalb Vivi, aber auf dem entgegengesetzten linken Ufer, an. Dies soll die Ausgangsstation der Karawanen nach dem Stanley-Pool werden, die das linke, südliche Ufer benutzen. Ohne Aufenthalt setzte die „Belgique“ die Fahrt fort, sich hart am linken Ufer stromanwärts arbeitend. Nun galt's noch, über den hier 950—1000 Meter breiten Strom zu kommen. Die Maschine wurde auf's äußerste angespannt, aber wir kamen nur langsam, stets gegen die furchtbare Strömung ankämpfend, vorwärts. Nun stand das kleine Schiff vollends still inmitten der tosenden Wirbel, dann ein kurzes Schwanken und, trotz Schraube und Steuer herumgerissen, trieb es stromab. Der Capitain verlor den Kopf nicht, er machte gute Miene zum bösen Spiel, warf das Steuer herum und pfeilschnell sausten wir stromab bis Matadi. Dort wurde ein Theil der Ladung gelöscht, und dies Mal gelang dem bedeutend erleichterten Schiff die schwere Fahrt. Man spricht davon, die Gebäulichkeiten von Vivi weiter stromab zu verlegen. Portugiesische und französische Kriegsschiffe gehen in aller Sicherheit bis Nokki, nur zwei Stunden unterhalb Vivi; der zehn Fuß wasserziehende „Heron“ geht bequem nach Matadi, nur eine halbe Meile unterhalb, so daß bis dahin der Congo wirklich schiffbar ist; aber weiter hinauf zu gehen, ist gewagt; sollte jemals die Steuerkette in den furchtbaren Wirbeln bei Vivi brechen oder die auf's höchste angespannte Maschine in Unordnung gerathen: Schiff, Personen und Ladung wären verloren. Vielleicht ließ Stanley bei der Anlage von Vivi sich durch die romantische Umgebung bestechen; sie erinnert an den Rhein zwischen Bingen und Koblenz, nur sind die Höhen unfruchtbar. Vielleicht wollte er den letzten zu Schiff noch erreichbaren Punkt in Händen haben, aber praktisch ist Vivi heute nicht mehr. Die aus Holz und Eisen in Belgien gebauten, sehr wohnlichen, selbst eleganten Häuser lassen sich ohne nennens= werthen Schaden abbrechen und transportiren, und die Kosten werden durch die Vortheile der Uebersiedelung aufgewogen. Man wird wohl damit warten, bis endgültig über die Kopfstation der Unter=Congo=Eisenbahn entschieden ist, aber dies wird nicht Vivi sein [1]).

Inzwischen hat man hier tüchtig gearbeitet; zwei etwa 30 Meter lange, 12 Meter breite Häuser beherbergen das zahlreiche weiße Per= sonal, dazwischen liegen zwei Wohnhäuser für den Gouverneur und Vice= Gouverneur, eine Reihe Waarenschuppen sind in kurzer Zeit erbaut wor= den; eine schön heranwachsende Magenge=Allee verspricht baldigen Schatten, das Land umher ist umgearbeitet und besäet (Vivi liegt auf einem 114 Meter über dem Congo sich erhebenden, ziemlich flachen Plateau und bietet einen hübschen Anblick vom Flusse aus) — Grund genug, nur schweren Herzens den Punkt aufzugeben, besonders für die, welche hier gearbeitet haben. Zwei Stunden von hier sind die Jellala=Fälle, deren Brausen in der Regenzeit bis hier herunter tönt, zugleich mit dem Rauschen der Wirbel unten im Strom.

Die Temperatur ist dieser Tage sehr gestiegen; wir hatten in den letzten Tagen (6.—10. October) 34—35 Grad Celsius im Schatten.

In Vivi erledigte ich so rasch wie möglich die Auswahl des Gepäcks für die bevorstehende Reise nach Oben und ging nach acht Tagen mit der ersten Gelegenheit wieder nach Boma zurück. Ich hatte in Vivi Gelegenheit, einen Tag mit unserm berühmten Landsmanne, Lieutenant Wißmann, zu verkehren. Derselbe muß leider wegen eines asthmatischen Leidens ein anderes Klima aufsuchen; er geht nach Madeira, Nizza und Algier. Deutschland kann stolz auf ihn sein. Kaum von seiner Reise quer durch Africa zurückgekehrt, ging er nach S. Paul de Loanda, von dort östlich bis Mukenge zu dem ihm von der ersten Reise her befreun= deten Baschilangefürsten und der damals von Pogge gegründeten deutschen Station Mukenge. In der Nähe von Mukenge errichtete er die Station Luluaburg, fuhr dann in einem Stahlboote und 16 selbstangefertigten Canoes den Lulua abwärts, der durch reißende Stromschnellen stellen= weise die Schiffahrt unterbrach, bis zu seiner Mündung in den Kassai, sodann diesen mächtigen Congo=Nebenfluß hinab bis zu seiner Mündung bei Kwamouth, welche er am 9. Juli 1885 erreichte. Das Problem des Kassai ist gelöst und ein weites Gebiet neu erschlossen. Unterhalb

---

[1]) Die Entscheidung ist inzwischen erfolgt. Die Eisenbahn soll bei Matadi am linken Ufer beginnen und bei Leopoldville am Stanley=Pool endigen. Ihr Länge beträgt etwa 450 Kilometer.

der Fälle gründete Wißmann eine Station, wo er einen Weißen zurückließ; diese Station wird gegenwärtig erweitert und soll der Ausgangspunkt für die Forschungen im südlichen Congobecken werden. Die Bevölkerung schilderte mir Wißmann als die am weitesten fortgeschrittene Africa's. Früher hatte ich schon in Boma Herrn Savorgnan de Brazza, den französischen Forscher, kennen gelernt, eine hohe, schlanke Gestalt mit sehr intelligenten Zügen, beim ersten Anblick eine etwas verwilderte Erscheinung mit struppigem Haar und Bart, aber es ist nur das Aeußere. Mein Aufenthalt in Boma dauerte nur kurze Zeit. Am 16. October kam P. Dupont, der Obere unserer Mission, von Loango zurück mit 37 Trägern. Am 21. October gingen wir auf dem portugiesischen Dampfer „Luço" nach Nokki. Herr de Rosa, der Eigenthümer, ließ uns die vierstündige Fahrt theuer bezahlen: 15 Pfund in Gold. Er ist in eine sehr böse Geschichte verwickelt. Einige Portugiesen, seine Untergebenen, ließen angeblich zwei holländische Factoreien anzünden und ausplündern, und suchten dann sich ihrer Werkzeuge zu entledigen. Einige wurden ertränkt, andere vergiftet, bei einigen mißlangen die Mordversuche. Diese brachten es zur Kenntniß des holländischen Hauses in Banana, und nach einer anderthalb Jahre währenden, sehr geheim gehaltenen Untersuchung kamen zwei portugiesische Kriegsschiffe, welche im Verein mit den Behörden des Congostaates mehrere Portugiesen festnahmen. Herr de Rosa selbst wurde acht Tage in Haft gehalten und dann gegen Caution freigegeben. In Folge dessen ist er jetzt auf sehr gespanntem Fuße mit allen am Congo bestehenden Handelshäusern. In Nokki fanden wir die freundlichste Aufnahme in der französischen Faktorei (Daumas und Beraud).

22. October. Früh 6½ Uhr waren wir bereits auf den Beinen mit unsern 37 Trägern — einer war bereits desertirt — und auf dem Weg nach Matadi. Die Sonne drang bald durch das dichte Gewölk und die Hitze nahm rasch zu. Der Weg ist sehr schlecht; oft genug sah man vom Pfade auch keine Spur, nichts als Steingeröll, Quarztrümmer, welche das Gehen sehr erschweren. Eine Viertelstunde hinter Nokki passirten wir einen kleinen Gießbach, dann auf und ab drei Stunden bis nach Matadi, wo wir gegen 10 Uhr ankamen. Ein Träger hatte sich verirrt; wir senden zwei Mann aus, ihn zu suchen, und gehen gegen 3 Uhr in einem Ruderboote nach Vivi. Unsere Bemannung besteht aus fünf kräftigen Kruburschen. Wir fahren langsam, immer dicht am linken Ufer, aufwärts, bis die über Felsen wegbrausenden Wasser das Weiterkommen unmöglich machen. Alle müssen aussteigen und wir klettern ungefähr 100 Meter weit über die Felsen weg, während die Krus das Boot mit Tauen über die Stromschnelle wegziehen. Wir steigen dann wieder ein. Dasselbe Manöver muß öfter wiederholt werden, jedoch

ohne daß die Paſſagiere ausſteigen, bis man Vivi gegenüber iſt. Der Strom iſt hier etwas ſtiller und das Boot kann ohne Gefahr hinüber= gehen. Die ganze Fahrt von Matadi nach Vivi beanſpruchte etwa 1¹/₂ Stunde. 23. October. Am Nachmittag gegen 2 Uhr ſchiffen wir uns wieder auf unſerm Boote ein mit einer Anzahl Laſten. Diesmal ging es raſcher. Die Burſchen ruderten das Boot bis in die Mitte des Stromes und dann, den geeigneten Augenblick abwartend, mit voller Kraft in die augenblicklich etwas beruhigten Wirbel, immer die gerade ſich bildenden geſchickt vermeidend. Ein dumpfes Brauſen hinter uns, die auf's neue zuſammenſchlagenden Wogen und die Freuden=Ausbrüche der Bemannung lehrten uns, daß zu dieſer Fahrt große Geſchicklichkeit und kaltes Blut gehört. Wir ſchlafen hier die erſte Nacht unter dem Zelte, die Station wird erſt gegründet.

II. Von Vivi nach Manyanga.

24. October. Der den Sohn des Tobias gen Medien brachte, ſei unſer Geleite! Um 6 Uhr ſind wir mit der Vertheilung unſeres Ge= päcks an die Träger beſchäftigt, dann raſch das Frühſtück und Abſchied genommen von den gaſtfreundlichen Herren von Matadi. Herr Lieu= tenant Möller, ein Schwede — in Matadi ſind drei Schweden — be= gleitete uns auf ſeinem Reitochſen ein Stück, um uns auf den richtigen Weg zu bringen, denn unſere Träger waren ſchon ziemlich weit voraus und uns aus dem Geſicht gekommen, doch holten wir dieſelben bei dem abſcheulichen Wege bald ein. Denn abſcheulich iſt dieſe Strecke zu gehen, die zwei Stunden bis nach dem Mpozofluß, ſtets ſteilauf, über Quarzfelſen und Rotheiſenſtein, in ſüdöſtlicher Richtung, ein völlig unfruchtbares Land, das freilich in ſeiner Wildheit einen maleriſchen Reiz bietet mit den ſchroffen Felszacken, die ſich ſcharf gegen den klaren Himmel ab= zeichnen. Wir kommen um 8 Uhr an den Mpozo, über den wir in einer Pirogue gehen. Es dauerte über eine Stunde, bis alle unſere Leute über den nur etwa 25 Meter breiten, reißenden Fluß waren; dann klet= terten wir die Höhen am andern Ufer hinauf, ungefähr in derſelben Richtung, nur uns etwas öſtlicher haltend, nach Pallaballa, einem großen Dorfe, in deſſen Nähe ſich eine engliſche Miſſionsſtation befindet. Hier ſetzten wir zum erſten Mal unſere Feldküche mit dem ſchwarzen Koch in Betrieb; das Ding functionirt ausgezeichnet: eine gute Hühnerſuppe mit conſervirten europäiſchen Gemüſen, ein Huhn mit Bataten (ſüßen Kar= toffeln) in Palmöl bereitet (Moambe), Bananen, dazu friſcher Malaſu,

Palmwein. Hier beginnen auch bereits die übeln Eigenschaften der Träger sich zu zeigen; einer meldet sich krank; wir verlangen vom Fumu, Dorf-schulzen, einen Ersatzmann; er verspricht ihn; wie immer, kommt er nicht, aufgestachelt durch unsere Leute, die hier bleiben wollen, was nicht in unserer Absicht liegt. Endlich gegen $4^{1}/_{2}$ Uhr machen wir uns auf und verlassen Pallaballa, der schwache Träger hatte eine leichtere Last be-kommen. Wir gehen über das theilweise angebaute Plateau von Palla-balla auf ziemlich gutem Wege nach einem etwa eine Stunde entfernten Dorfe und von da bergab zu einem Bach, den wir bei anbrechender Dunkelheit erreichen. Es ist unmöglich, ein Zelt aufzuschlagen; die Leute murren, kein Abendessen, wir schlafen unter freiem Himmel.

Andern Morgens, Sonntag den 25. October, zwang uns ein strö-mender Regen, unsere Zelte aufzuschlagen, in die sich dann die ganze Trägerschaar flüchtete. So verging der Vormittag ziemlich traurig; gegen 11 Uhr kam die Sonne durch, rasch wurde etwas abgekocht und aufgebrochen, um für die nächste Nacht einen bessern Lagerplatz zu suchen. Der Weg führte uns fast östlich über einen mit Quarzblöcken besäeten Bergrücken in ein ziemlich flaches Thal, dem wir zwei Stunden lang folgten bis zum Nzeffi Mukenge, dem Wasser von Nkenge. Nkenge ist der erste der vier Negerwochentage Nkenge, Sonna, Kaude, Konzo; an diesem Tage wird in der Nähe des Masi Mukenge ein Markt abgehalten, was dem Bache den Namen gab. Ueberhaupt ist der Handel zwischen den Eingebornen lebhaft; von weit her bringen sie ihre Producte, Hüh-ner, Ziegen, Schafe, Palm- und Erd-Nüsse, Palmwein, Bataten und Ba-nanen, Matten ꝛc. ꝛc. zum Markte, um sie dort gegen einander oder europäische Waaren auszutauschen und die neuesten Tagesnachrichten zu besprechen. Der Lagerplatz am Mukenge ist gut, von mächtigen Bäumen beschattet, das Land umher ziemlich eben.

Montag den 26. October. Um $^{1}/_{2}6$ ist alles auf den Beinen; es ist ein ziemlich starker Marsch, den wir zu machen haben bis nach Congo di Lemba. Wir finden keine Lebensmittel am Mukenge, der Markt wird erst am 27. October, der ein Nkenge ist, abgehalten, in Folge dessen haben die Träger Eile, nach einem Dorfe zu kommen. Der Weg führt uns nordöstlich durch ein flaches Thal mit hohen, schilfartigen Gräsern; die Thalsohle scheint fruchtbar zu sein, während an den umliegenden Höhen der rothe Lehm nackt hervortritt; die starken Regengüsse schwemmen sofort die ersten Anfänge von Humus in die Ebene, wo er sich ansammelt. Nach einem Marsch von $3^{1}/_{2}$ Stunden erreichen wir die Luisa, die wir auf großen Steinen überschreiten; es ist selbst jetzt noch ein ziemlich starker Bach, der über das Felsgeröll seines Bettes rauschend hinweg-braust. Nzeffi ist gegenwärtig ein trockenes Bett, wo man nur noch in einzelnen, von Bäumen geschützten Tümpeln Wasser findet. An der Luija machen wir Halt, um abzukochen.

Während ich am Fluß nach den Leuten sehe, um sie vorwärts nach dem etwa 50 Meter weiter auf einer Anhöhe liegenden Lagerplatz zu bringen, höre ich die bereits dort Angelangten schreien: „Meister! Ngapi, Ngapi! Antilopen, Antilopen!" In der That waren zwei Antilopen, etwa 80 Schritte vom Lager entfernt, aufgegangen und eine Anhöhe hinaufgezogen. Eine passirte den l'. Dupont, ohne daß derselbe zu Schuß kam, und einen Haken schlagend, erschien sie mir plötzlich auf 150 Schritte, über eine graslose Stelle jenseits einer kleinen Schlucht flüchtend. Einen Augenblick später knallte der Schuß und das hirschgroße Thier fiel vornüber. Schon war ich siegesfroh, da erhob es sich auf's neue, that zwei Sprünge und fiel wieder; dabei sah ich, daß das linke Schulterblatt oder der Oberlauf zerschmettert war; rasch lud ich auf's neue, aber ehe ich zum zweiten Mal das Gewehr an der Schulter hatte, war das Thier über die offene Stelle hinweg in das zwei bis drei Meter hohe Gras gekommen; noch ein Mal sah ich den Kopf desselben auf einen Augenblick, und dann war es verschwunden. Etwa zehn Minuten später sahen es unsere Leute hinkend den Fluß passiren. In Deutschland, mit einem guten Schweißhunde, würde man ein solches Stück finden, hier muß alles verloren gegeben werden, was nicht auf den Schuß todt bleibt; die hohen Gräser und Dickichte in den Schluchten machen eine regelrechte Nachsuche sehr schwer, und auf Märschen verzichtet man lieber auf den Braten als auf einige Stunden Marschzeit.

Um 12 Uhr — die Sonne war durch Gewölk verdeckt — brachen wir auf nach Congo di Lemba. Der bisher gute Weg verschlechterte sich sehr und der anderthalbstündige Marsch war sehr ermüdend. Congo di Lemba liegt wie Pallaballa und die meisten Dörfer auf einer Hochebene, deren steilen Abhang wir erklimmen mußten. An solchen Stellen folgt das herabströmende Wasser dem etwas ausgetretenen Fußpfad; in Folge dessen ist derselbe sehr zerrissen und voll von Geröll. In Congo di Lemba fanden unsere Leute Lebensmittel in Fülle. Der Fumu schien gut aufgelegt zu sein; aber dies änderte sich sehr rasch. Kurz nach unserer Ankunft starb ein ziemlich angesehener Mann im Dorfe; ob man uns dessen Tod zuschrieb, weiß ich nicht, aber von diesem Augenblick an war nichts mehr zu haben, die Leute zogen sich von uns zurück und betrachteten uns mit feindseligen Blicken. Wir schlugen unsere Zelte auf, und uns in Gottes Schutz befehlend, suchten wir Ruhe. Doch welche Ruhe! Die ganze Nacht hindurch heulten die Weiber ihre Todesklagen um die Hütte des Verstorbenen. Von Zeit zu Zeit trat Stille ein, dann sang ein Einzelner das Lob des Todten und seine Klage über den Verlust, wobei der ganze Chor immer denselben Refrain wiederholte. Am Ton der Stimme konnte man hören, daß die Sänger abwechselten, von jungen Leuten beginnend bis zum Greise. Dann traten die Frauen in derselben Rangfolge zur Bahre, und diese Klage dauerte die ganze Nacht hindurch. Während die Anverwandten und Freunde bei dem Todten wachten und klagten und wohl tüchtig Malafu (Palmwein) tranken, feuerten andere von Zeit zu Zeit ihre Gewehre ab, was bei der unmittelbaren Nachbarschaft das Schlafen völlig unmöglich machte. Wie ich am Morgen zu sehen Gelegenheit hatte, nahm man eine Hand voll Pulver aus der Tonne, schüttete es in's Gewehr und feuerte ab, ohne einen Pfropfen darauf zu setzen.

Dinstag den 27. October. Die schlaflose Nacht ist vorbei, der Tag beginnt trübe. Ein feiner Regen hält uns im Zelt gefangen. Um 8 Uhr klärt es sich etwas auf; unsere Leute wollen in die umliegenden Dörfer, um Lebensmittel zu kaufen und damit den ganzen Tag zu verbummeln. Wir verbieten es; nichtsdestoweniger antworten beim Appell um 9 Uhr bloß fünf, alle andern sind abwesend. Wir schicken unsern Haussaführer nach den Ausreißern, derselbe bringt uns die Mehrzahl zurück. Der Hettman (Headman) sagt, er wolle nach den andern sehen und geht mit der Versicherung, um 11 Uhr seien alle fertig. Um Mittag waren nur 18 von 37 beim Zelte. Es wurde bestimmt, ich solle mit 17 von diesen abmarschiren, was ich denn auch am Mittag that.

Wir gingen zuerst längs des Plateau-Abhanges hin, stiegen dann denselben hinab durch eine mit dichtem Urwald bewachsene Schlucht auf sehr schlechtem, schlüpfrigem Wege nach dem Bembezi, einem der Luisa ähnlichen Bache mit sehr starkem Gefälle. Wir überschritten denselben trockenen Fußes auf den Schieferfelsen, zwischen denen das Wasser seine Bahn sucht; nach Regen freilich sind diese Felsen alle bedeckt und dann ist der Uebergang ziemlich schwierig. Auf diesem einstündigen Marsche begegneten uns vereinzelte Loangos, und nach Ueberschreitung des Bembezi noch mehrere Trupps, alle verlottert aussehend. Meine Leute stockten in der Mitte des Bergabhanges, auf dessen Höhe Masambe liegt, unser heutiges Ziel. Als ich mit den Nachzüglern ankam — ich wollte keinen zurücklassen, da ich die Leute in Verdacht hatte, desertiren zu wollen — erklärten sie mir, sie würden nicht weiter gehen; alle legten ihre Lasten nieder und fingen eine lange Unterredung mit einem der vorbeigehenden Loango, einem verdächtig unter seiner rothen Mütze hervorsehenden Subjecte, an. Ich ging etwas höher hinauf zum Haussa-Soldaten, ohne meine Leute aus den Augen zu verlieren, und rief ihnen von oben zu, zu kommen. Vier folgten, die andern antworteten höhnisch, sie kämen, wenn sie wollten, der Weiße könne zu ihnen kommen, wenn er

ihnen etwas zu jagen habe. Das war zu arg, offene Gehorsamsver=
weigerung, die, wenn nicht sofort bezwungen, sehr schlimme Folgen haben
konnte, doppelt schlimm, da ich stundenweit von jedem Dorfe entfernt

Missions-Karawane ¹).

war. Ich riß einen Ast von einem der struppigen, krüppelhaften Bäume
und stürmte den Berg hinunter. Von oben schrieen die vier Träger

---

¹) Das Bild stellt eine der von der Ostküste in's Innere entsandten Karawanen der
Missionare von Algier dar, darunter Mgr. Livinhac und Mgr. Charbonnier († 16. März
1888), die apostolischen Vicare von Nyanza und Tanganjika.

ihren Kameraden zu, rasch zu kommen, ich sei wüthend; einige rafften ihre Lasten zusammen und liefen den Berg hinan. Ich ging sofort auf den Hauptschreier zu und zeigte ihm den Weg den Berg hinauf; er lachte mir frech in'z Gesicht, einige wohlgemessene Hiebe waren die blitzschnelle Antwort; er sprang auf, aber die nachlässig in der Hand gehaltene, freilich nicht geladene Büchse mochte ihm doch zu bedenklich erscheinen. Er machte sich auf den Weg; ich lief zum zweiten, dritten, man ließ mich nicht mehr zum Schlag kommen. „O Meister, nicht, nicht," baten sie. In einem Nu waren alle auf den Beinen und eilten, so rasch sie konnten, den Berg hinan. Der Bursche mit der rothen Mütze traute dem Wetter nicht, als ich von oben kam; er hatte das Weite gesucht und ich sah ihn nicht mehr.

Ich ruhte mich etwas aus von der Aufregung, als ein Bote vom P. Superior mir ein Billet brachte: „Cavio (der Headman) ist mit seinen Leuten desertirt; ich hoffe hier Träger zu finden, erwarten Sie mich in Masambe." Ich steckte das Billet ein und folgte meinen Leuten, ent=schlossen, doppelt vorsichtig zu sein. Ich fand sie um 3 Uhr in Masambe, mit dem Aufschlagen meines Zeltes beschäftigt. Man fragte mich nach Neuigkeiten von Congo di Lemba; ich verheimlichte die Desertion und sagte, wir brächen andern Tages auf, sobald der andere Weiße (Pater Superior) angekommen sei. Dann hielt ich ihnen eine Ansprache, halb portugiesisch, halb Fiot (Sprache der Loango-Leute): „Ihr habt gesehen heute, daß ich euch schlug; habe ich es schon sonst gethan?" „Nein, Meister." „Ihr sagt nun, ich sei böse; ihr habt Recht, ich bin böse, denn ihr seid böse. Der Weiße ist gut, wenn ihr gut seid; der Weiße ist böse, wenn ihr böse seid; wollt ihr einen guten oder bösen Weißen?" „Einen guten!" „So thut, was ich sage, ohne Widerspruch, und der Weiße ist gut; nun esset!" Damit war alles erledigt; am Abend er=klärten sie mir, Cavio sei schlecht und sie hätten nichts mit ihm zu thun. Ich kaufte einen großen Krug Malafu, das Einzige, was im Dorfe zu haben war, und gab es meinen Leuten, was die letzte Spur eines bösen Eindrucks verschwinden machte. Doch so viel habe ich nun schon gesehen: die Loango sind ein aufrührerisches Volk, schwer vorwärts zu bringen, nie zufrieden, dabei stets zum Desertiren aufgelegt.

Mittwoch 24. October. Morgens früh kam ein Haussa-Soldat, der Courrier nach Lukunga, von Congo di Lemba: er brachte die Nachricht von der Desertion zu meinen Leuten: 8 der Ausreißer waren bei P. Dupont, Cavio mit 9 fehlte. Meine Leute erklärten wiederum ihre Treue. Sie wollten arbeiten und etwas verdienen, Cavio sei schlecht und ein Dieb. „Ja, ein Dieb," sagte ich, „kommt er zum Congo, nach Ma=tadi oder Noki oder Banana, so wird er gefaßt und in Ketten gelegt.

Jeder, der einem Weißen fortläuft, ist ein Dieb; Bulamatari [1]) (der Name der Eingeborenen für die Behörden des Congostaates) faßt ihn und legt ihn an eine Kette, und dann muß er arbeiten ohne Cortados" (eine Maßeinheit für Zeuge).

Um 8 Uhr nahm ich die Büchsflinte, um mir im nahen Walde ein Früh= stück zu suchen; beim Waldesrande begegneten mir Träger mit einem Klapp= stuhle. Ich ging 5 Minuten weiter, begegnete noch vielen Leuten, dann hörte ich englische Worte und im nächsten Augenblick schüttelte ich Dr. Baumann von der österreichischen Expedition (Prof. Dr. Lenz) die Hand, beide hoch erfreut, unsere liebe deutsche Muttersprache zu hören. Wir hatten uns schon in Banana gesehen, aber Herr Baumann erkannte in dem vor ihm stehenden Waidmann nicht sofort den Missionar von Banana. Er er= zählte mir, daß er an der Küste keine Träger bekommen, deshalb nach Ngombe, 4 Tagereisen vor Stanley-Pool, gegangen sei und dort einige 80 angeworben habe, mit denen er nun zu Dr. Lenz gehe, der sich bei Notki aufhalte [2]). Ihre Absicht ist, auf dem Congowege über die Wasser= scheide nach dem äquatorialen Nil zu kommen, um mehrern dort durch den Mahdi-Aufstand abgeschnittenen Reisenden (Junker, Emin Bey :c.) Hülfe zu bringen und die Nachricht, daß am Ober-Congo Stationen seien, in denen Proviant für sie sich befinde und auf die sie sich zurückziehen könnten. Herr Baumann benutzte seine Reise nach Ngombe, um von dieser noch völlig unbekannten Straße die erste Karte anzufertigen. Ich verbrachte eine angenehme Stunde mit dem liebenswürdigen Herrn. Ich begleitete ihn noch eine halbe Stunde bergab und kletterte dann wieder nach Masambe. Um 3½ Uhr klagten meine Leute über Hunger, sie hatten noch nichts gegessen, im Dorfe war gar nichts zu haben. Masambe ist ein elendes Nest, selbst das Wasser muß eine halbe Stunde weit aus einigen Erdlöchern hergeholt werden, in denen es sich bei Regen ansam= melt. Ich gab jedem der Leute einen Biscuit und sandte den von mir

---

[1]) Als Stanley 1880 für den Transport der Dampfer nach dem obern Kongo von Vivi aus eine Straße nach Jsangkila anlegte, erhielt er von den Eingeborenen den Namen „Bulamatari", d. i. Felsenbrecher. Diese Benennung wurde später seitens der Eingeborenen auf alle Beamten des Kongostaates ausgedehnt.

[2]) Dr. Lenz berichtet hierüber unter'm 21. Dec. 1885: „Einen großen Zeitverlust verursachte die Trägerfrage. Es ist gar nicht so einfach, vom untern Kongo, d. h. von der Gegend bei Vivi aus, eine größere Zahl Träger für den Transport der Waaren zum Stanley-Pool zu erhalten. Das wiederholt beliebte Auskunftsmittel, Loango-Leute zu be= nutzen, ist durch die neuesten Erlasse des französischen Gouvernements daselbst wesentlich er= schwert, ja fast unmöglich geworden .... Man ist demnach auf einheimische Träger an= gewiesen, und diese finden sich am Südufer des Kongo nur in der Gegend von Ngombe. Mit Hülfe des einflußreichen Händlers Matitu gelang es meinem Begleiter, Herrn Baumann, mit 80 Mann nach Ango-Ango zu bringen."

ernannten Headman „Bao" (Elephant oder überhaupt ein großes Thier) nach Congo di Lemba zurück, um Lebensmittel zu holen. Ich selbst nahm das Gewehr und ging auf die Suche, hatte aber kein Glück. Der Abend war traurig, die Leute hockten schweigsam um ihr Feuer; ich gab ihnen einen Krug Malaju, den der Fumu mir mit einem elenden Huhn brachte. Da endlich lautes Jauchzen in der Ferne: um 7 Uhr kommt Bao schwer bepackt zurück, die Noth hat ein Ende, und noch lange in der Nacht jubelten die schwarzen Burschen, bis ich ihnen bedeutete, sie sollten schlafen, wir gingen Morgens weiter.

Donnerstag 29. October. Wir verlassen 5³⁄₄ Uhr das unangenehme Majambe. Der Weg führt uns direct in den Wald, abwärts zum Luvu. Der Wald ist an feuchten Stellen undurchdringlich. Lianen verschlingen sich untereinander, mit den Bäumen und umgewehtem Holze zu einem wirren, wilden Durcheinander; an trockenen Abhängen nimmt der Wald mehr das Gepräge unserer heimischen Hochwälder an, hoch und schlank steigen die Stämme auf, das Unterholz ist ziemlich spärlich, selbst die Blattformen und das den Boden bedeckende dürre Laub erinnern an die Heimath. Die Vögel zwitschern fröhlich ihr Morgenlied, und wären nicht meine schwarzen Begleiter, ich könnte mich nach Deutschland versetzt glauben. Oefters zerstört das unangenehme Gekreisch einzelner Vogel= arten den schönen Traum. Es ist auffallend, wie hier ein oft ganz kleiner Vogel eine so hart klingende und weithin hörbare Stimme hat. Ich schoß mehrere dieser Thiere, sie besitzen einen unverhältnißmäßig großen Stimm= apparat. Wie auch in der Heimath, sind es kleine unscheinbare Vögel, deren Gesang uns erfreut, während die äußerlich prunkenden eine unan= genehme Stimme haben. Sehr niedlich sind die Bengalin, Meisen ähn= liche kleine Vögel, mit rothem oder blauem Kopf und Schnabel, und ent= sprechender Körper= und Flügelfarbe, roth und sanft braun, oder blau und in's Lila übergehend. Ich sah sie stets zusammen in ganzen Banden, im hohen Grase die reifen Samen schmausend, doch haben sie eine viel sanftere, weniger anmaßende Stimme als Herr Spatz. Der Rabe ist derselbe freche Dieb wie zu Hause; in Boma schoß ich, da sie gar zu un= verschämt waren und die Küchlein vom Hofe des Sanitoriums stahlen, ein halbes Dutzend, was ihnen einen heilsamen Schreck unter ihren weißen Brustlatz setzte. Der hiesige Rabe hat nämlich einen weißen, auf der Brust erbreiterten Kragen, seine Stimme ist die bekannte.

Nach einstündigem Marsche traten wir aus dem Walde; wir über= schritten ein trockenes Bachbett und langten um 8 Uhr am Luvu an. Es ist ein ziemlich bedeutender Wasserlauf, über welchen der Staat an einer Stelle, wo von beiden Ufern mächtige Bäume sich zusammen neigen, eine Drahtseilbrücke gespannt hat. Ich fand dort mehrere meiner Leute, die nicht über das schwankende Ding wollten: einige waren bereits weiter oben durch den Fluß gewatet, die andern warteten, bis ihnen einer den bedenklich erscheinenden Gang vormache. Die Brücke besteht aus zolldicken Stöcken, die auf 6 Drahtseilen fest gebunden sind; oben sind dann noch 2 Seile gespannt, um die Brücke wagerecht zu halten. Die Construction ist sehr einfach und dabei solide. Ich ging lachend hinüber, aber nur zwei folgten; der eine oder andere setzte noch den Fuß darauf, kehrte aber, sobald er das Schwanken fühlte, schleunigst zurück und zog es vor, mühsam den Fluß weiter oben zu durchwaten. Der Brücke fehlt zwar das Geländer, doch war ich erstaunt, meine Leute zögern zu sehen, sie ist nämlich $2^1\!/_2-3$ Meter breit. Der Uebergang kostete eine Stunde. Ich sah dort eine größere Antilope, rothbraun, und ein ganzes Rudel kleinerer dunkelbrauner, wohl 30—40 Stück, von der Größe eines schwachen Rehes, doch zu weit zum Schusse.

Wir gingen immer nordöstlich durch sanft hügeliges Land, passirten noch zwei kleine Wasserläufe und erreichten um 12 Uhr Njoyo, ein kleines Dorf, wo wir frühstückten. Um 3 Uhr erstiegen wir auf mühsamem Wege einen von Osten nach Westen ziehenden Bergrücken, stiegen dann in ein mit Bananen und Palmen bepflanztes Thal hinab, von da aufwärts in ein großes schönes Dorf auf einem kleinen Plateau, auf dessen niedrigerem Ausläufer unser heutiges Ziel, Banza Manteke, liegt, wo wir um 5 Uhr anlangten. Es war ein schöner Marsch, zu welchem gewöhnlich $1^1\!/_2$ Tage verwendet werden. Ich sandte sofort einen Boten mit einigen Zeilen nach der 20 Minuten entfernten englischen Mission, um mich mit dem Herrn wegen Anwerbung von Trägern in Verbindung zu setzen; mein Bote brachte aber die Nachricht, der Herr könne meine Zeilen (französisch) nicht verstehen.

Freitag 30. October. Am frühen Morgen verlangte ich vom Fumu Träger. Alsbald kam Marungu, ein Capita oder Trägerhauptmann, mit dem ich mich zum Preise eines halben Stückes pro Mann einigte. Er versprach mir, mit 9 Leuten sofort nach Congo di Lemba zu gehen und unsere Lasten nach Banza Manteke zu bringen. Um 3 Uhr ging ich in's waldbewachsene Thal hinab, wurde aber von einem plötzlich losbrechenden Sturm zurückgetrieben. Ein dumpfes Brausen kam mit furchtbarer Schnelligkeit näher. Ein mich streifender Baumast belehrte mich, daß mein Aufenthaltsort nicht sicher sei; ich suchte das Freie, eilte die Anhöhe hinan und kam zur rechten Zeit an, um mein im Sturme arg gefährdetes Zelt zu befestigen. Meine Leute standen umher, die Stricke haltend, und im strömenden Regen wurden die gelockerten Pfähle fester geschlagen. Ich flüchtete mich unter das Dach der benachbarten Hütte, trocknete mich am Feuer und beobachtete, wie das nun zum ersten Male im Sturm erprobte Zelt sich hielt. Eine nahebei im Bau begriffene Hütte wurde umgeweht, doch das Zelt hielt sich brav. Das Unwetter dauerte etwa 1 Stunde, dann hallte der Donner nur noch in der Ferne, der Regen wurde schwächer und die Sonne ging glänzend unter.

Samstag 31. October. Heute ist Ruhetag. Morgens lagen meine Leute plaudernd um ihre Feuer, ihre Bananen und Bataten röstend. Banza Manteke ist ein auf drei Seiten von reich bewachsenen Thälern umgebener Bergvorsprung, ein Ausläufer des Plateau's von Munkindembolo. Die Hütten sind sorgfältiger erbaut, größer und schöner als die am untern Congo. Das Innere besteht aus 2 Räumen, einem großen, dem Wohn= raume, und dem kleinern rückwärts gelegenen, der als Vorrathskammer dient. Vor der Hütte, in die man durch eine etwa 2½ Fuß hohe und 1½ Fuß breite, 1 Fuß über dem Boden angebrachte Thüre tiefgebückt eintreten muß, befindet sich eine 1—2 Meter breite Veranda, welche durch das vorspringende Dach gebildet wird. Die Hütte ist größtentheils aus Palm= blättern und schilfähnlichem Grase gebaut, nur der Giebelbalken und einige Pfähle sind aus Holz. Die Vorderseite ist oft in schachbrettähn= licher Weise mit gespaltenen Lianen zierlich geflochten, vermittels welcher das Schilf auf die Palmblattrippen befestigt wird. Die ebene Seite der durch das tief herabsteigende Dach großen Theils verdeckten Seitenwände ist nach innen gekehrt. Die ganze Hütte hat 2—3 Meter Breite bei oft 5—7 Meter Länge. Ich beobachtete die Baumeister bei der Arbeit. Sie sind zu Zweien, einer auf jeder Seite der Wand, stechen mit einem spitzen Holze eine Oeffnung in das Schilf, jeder steckt das Ende seiner Liane durch, das von dem auf der andern Seite befindlichen Arbeiter aufgenommen und angezogen wird. Besondere Sorgfalt erfordert das Dach. Palmblattrippen, die über den Giebelbalken geknickt und an diesem und den beiden durch Pfähle befestigten Seitenwänden festgebunden wer= den, bilden das Gerippe. Darauf werden in der Längsrichtung gespal= tene schlanke Rippen festgebunden. Auf dieses Gerippe kommt eine dichte Lage Gras, welches durch darüber gespannte Stäbe auf das Gerippe befestigt wird. Alles geschieht so sorgfältig, daß von weitem das Dach aussieht, als sei es aus Brettern gemacht, von denen das obere etwas über das untere vorspringt.

Am Nachmittage führt man mir eine junge Ziege zu, ich kaufe sie für 1½ Stück Zeug und lasse sie in der Nähe des Zeltes anbinden. Den Abend verbringe ich mit meinen Leuten am Feuer, mir ein kleines Vocabularium der Fiotsprache anfertigend. Sobald sie sahen, daß ich mich um ihre Sprache interessirte, suchte jeder so viel zu meiner Kenntniß zu bringen, als möglich, indem sie alles zeigten mit Angabe des Na= mens. Schwieriger freilich ist es, die Verba zu haben, da muß man selbst das Betreffende thun oder thun lassen, um begreiflich zu machen, was man will.

Sonntag 1. November. Ein trauriges Allerheiligen! So fern von jeder gleichgesinnten Seele, allein im wilden Lande, verschollen und ver= gessen — doch nein, nicht vergessen: Gott wacht über uns, und in der Heimath wird wohl auch die eine oder andere Menschenseele heute an uns denken und an unser Africa, unsern Congo, der noch so wenig zur Ver= mehrung der Heiligen beigetragen. In der Nacht war strömender Regen gefallen, der Zeltgraben war alsbald vollgeschwemmt und dann floß die ganze Nacht hindurch ein wahrer Gießbach durch das Zelt, den Boden in eine Schlammpfütze verwandelnd. Am Morgen sehe ich die Verwü= stung, ich sinke bis über die Füße in den aufgeweichten Lehm. Ich lasse ausräumen, alles in die Sonne stellen; da kommt die Nachricht, die Ziege sei gestohlen. Ich drohe dem Fumu, er müsse sie ersetzen und noch Strafe bezahlen. Gegen 10 Uhr will ich die Temperatur aufnehmen, mein Taschenthermometer ist in seiner metallenen Scheide zerbrochen. Am Nachmittage wird mir gemeldet, die Ziege sei in der Nähe, sie habe sich während des Regens losgerissen. Um 4 Uhr führt man sie wieder herbei.

Montag 2. November. Allerseelen! Der Tag ist etwas angenehmer. Die Nacht war schön und die Sonne geht glänzend auf. Gegen 11 Uhr kommen einige der nach Congo di Lemba gesandten Träger zurück mit der Nachricht, der Weiße komme. Endlich wieder zu Zweien! Gegen 12 Uhr kam der P. Superior mit dem Rest. 8 Loangos waren treu ge= blieben, 10 desertirt. Wir unterhandeln mit den Trägern für die Reise nach Lukungu; sie sind unverschämt, aber dies ist allgemein hier. Man findet leicht Träger, um in's Dorf, aber schwer, um wieder herauszu= kommen; sie glauben dann, man habe sie nöthig und werden unverschämt; so vergeht der ganze Tag in nutzlosem Parlamentiren.

Dinstag 3. November. Dieselbe unangenehme Geschichte. Wir drohen dem Fumu, ihn beim Bulamatari zu verklagen, ihm keine Ge= schenke zu geben u. s. w., wenn er uns keine Träger besorge. Morgen früh, sagt er. P. Dupont geht zur englischen Mission; der Herr sagt ihm, er könne ihm leicht Träger für Lukunga zum Preise von 36 Ta= schentüchern besorgen. Die Unterhaltung mußte in portugiesischer Sprache mit Hülfe eines Dolmetschers geführt werden. Wir warten, was der Fumu uns bringt. Diese Trägerfrage ist die brennendste hier zu Lande. Der Verkehr mit dem Innern ist oft auf lange unterbrochen wegen man= gelnder „Verkehrsmittel".

Mittwoch 4. November. St. Carol. Wir feiern das Fest unseres verehrten Stifters und Obern Cardinal Lavigerie, so gut es eben geht, aber ohne die Trägerfrage zu vernachlässigen. Ich gehe zur Mission. Herr Richard verspricht mir 6 Mann für den andern Tag; kaum jemals habe ich so viele Sprachen gemengt und zerbrochen wie hier: Englisch, Portugiesisch, Fiot, Französisch und Deutsch, so daß wir uns beide daran vergnügten. Am Mittag bringe ich sechs Lasten mit dem Betrage des Trägerlohnes in Taschentüchern zur Mission und finde einige Träger mit europäischen Kisten. „Der Weiße kommt!" „Zwei Weiße!" Nach Banza Manteke zurückgekehrt, finde ich einige Jungen der Herren Dr. Lenz und Baumann, die mir mittheilten, die Herren kämen alsbald, und gegen 3 Uhr sah ich sie vom Plateau von Munkindembolo herabsteigen. Wir verabredeten die gemeinschaftliche Reise für den folgenden Tag, dann gingen die Herren nach der Mission.

Dieselbe liegt etwa 20 Minuten vom Dorfe auf einer Anhöhe. Dort befindet sich ein Missionar mit seiner Frau, die sich mit dem Unterrichte von etwa 15 Kindern befassen. Ich glaube, der Posten hat mehr den Zweck einer Transport=, als einer Missionsstation. Auf der andern, linken Seite des Thales lag früher eine Station, welche aufgegeben wurde.

Donnerstag 5. November. Früh Morgens verlassen wir Banza Manteke. Die sechs Träger waren noch nicht hier, sie mögen nachkommen. Beim Marsche tauschen wir unsere Eindrücke über das Unter=Congoland aus. „Das erbärmlichste Land, das ich je gesehen," sagt Dr. Lenz. Wir stiegen von Banza Manteke in eine ziemlich weite Ebene hinab, die wir quer in $1^1\!/_2$ Stunde durchschritten. Diese Ebenen und flachen Thäler machen gerade nicht den Eindruck von Unfruchtbarkeit, sie sind aber nicht angebaut und bilden zudem nur einen winzigen Theil des bergigen, stei=nigen Landes. Die Gegend könnte vier Mal mehr Bewohner nähren als sie hat, aber nur Neger, Plantagenbau ist hier unmöglich. Erdnüsse, Bananen und Palmen könnte der Neger auf mehr Land ziehen als er es thut, aber der Europäer, welcher Culturen vornehmen wollte, wäre ruinirt.

Wir gehen nordöstlich auf leidlichem Wege, passiren mehrere kleine Wasserläufe, dann einen Sumpf, zum Theil auf den Schultern der Ne=ger, zum Theil das Schilf und Lianendickicht niedertretend und so einen trockenen Pfad bereitend. Wir sehen etwa 3 Meilen entfernt einen glän=zenden Streifen. Masi Manyanga, Masi Vivi sagt der Führer, Wasser von Manyanga und Vivi: der Congo. Wir sind also mit demselben un=gefähr parallel gegangen. Gegen 11 Uhr durchwaten wir einen ziemlich starken Fluß, 10 Meter Breite und knietief, den Luonzo, nicht auf der Karte verzeichnet, und erreichen um 12 Uhr Kitombe, ein verlassenes Dorf, es stehen noch einige Hütten unter der Obhut eines Fumu. So=

fort zerstreuen sich unsere Leute zum Früchtesuchen. Eigenthümlich, der Neger verlangt vielleicht zwei Taschentücher für eine Papaie, die er in der Hand hat, hat aber gar nichts dagegen einzuwenden, wenn man selbst zehn Stück vom Baume holt.

In Kikombe speisen wir zusammen und brechen um $3^1{}_2$ Uhr südöstlich auf. Wir folgen dieser Richtung nur eine halbe Stunde, eine Berghöhe und ein schwieriges Thal umgehend, und wenden uns dann fast nördlich, bis wir die Luima brausen hören. Einige Schüsse geben uns unser Abend-essen. Dicht bei der Luima passiren wir einen durch eine schöne in den Felsen regelmäßig eingegrabene Rinne hinströmenden Bach von auffallender Klarheit, und dann auf dem Rücken des Hanssa die 15 Meter breite, $1{}_2$ Meter tiefe Luima, auf deren jenseitigem Ufer wir unsere Zelte aufschlugen.

Freitag 6. November. Ausnehmend früh war alles auf den Beinen. Unterwegs sahen wir Elephantenspuren von der letzten Nacht, einige Antilopenspuren vom Morgen, aber auch kein Haar. In Africa wechselt das Wild über ungeheuere Strecken. Der Jäger von Beruf folgt ihm, er erfährt von den Eingeborenen die Tränkestellen und kommt so mit Sicherheit zum Schusse. Der Reisende dagegen wird meistens die ihm so wildreich geschilderten Gegenden mit getäuschter Hoffnung zurücklassen. Er folgt dem Pfade, wo tagtäglich Karawanen verkehren. Das Wild zieht sich einige hundert Meter zurück. Er geht während des Tages, während das Wild im Dickicht ruht. Eine Jagdpartie durch das zwei Meter hohe Gras ohne Pfad ist furchtbar ermüdend, und der Reisende ist nach 6—7stündigem Marsche dazu wenig aufgelegt. Es sind aber regelrechte Jagden erforderlich, will man auf Hochwild (Elephanten, Büffel und Antilopen) zu Schusse kommen. Jeder sieht wohl ein Stück Wild, aber schießen kann man dasselbe fast nie, wenn man nicht stundenlang sich aufhält, und wenige sind so leidenschaftliche Jäger, daß sie ihren ganzen Marschplan umstoßen. Ich schoß vom Pfade aus Hühner, Tauben und sonstige Vögel, doch Haarwild sah ich nie nahe genug.

In Njapho fanden wir keinen Menschen. Ich lief eine Stunde durch das Gestrüpp, Bewohner suchend. Mehrere liefen weg, Einer führte mich eine halbe Stunde in den Wald und verschwand. Mißmuthig ging ich zurück, wir ließen Maniok ausgraben, Palmwein herunterholen, Palmnüsse abschlagen, kein Mensch rührte sich. Nach Passiren eines tiefen Wassergrabens kamen wir nach einem zweiten Dorf, Kimbete. Daselbst waren Lebensmittel in Ueberfluß, man konnte sich kaum der Verkäufer erwehren. Für den Europäer ist es am gerathensten, ein ganzes Magazin mitzuführen und sich in der Auswahl seiner Tauschwaaren nicht auf einen Artikel zu beschränken. In Kimbete verlangte man Messer, sonst Perlen, verschiedene Stoffe. Hat man gerade, was der Neger wünscht, so kauft man um mehr als die Hälfte billiger.

Wir steigen langsam abwärts zum Thale des Kwilu. Es ist der bedeutendste Congozufluß auf dem linken Ufer des Unterlaufes. Zwischen tief eingeschnittenen Ufern fließt er mit ziemlicher Strömung bei 35 Meter Breite und beträchtlicher Tiefe. Nach langem Rufen kam eine Pirogue uns überholen. Die Fährleute bedeuteten uns, der Fluß sei voll von Krokodilen, und wir dürften nicht baden. Wir stellten drum einen Mann als Wächter auf, der dies den Trägern sagen mußte. Eine Stunde darauf kam auch Dr. Lenz zum Flusse. Die Fährleute liefen bei Ansicht der Zahl der Neuangekommenen weg. In Folge dessen griffen einige Leute des Dr. Lenz zu den Rudern und setzten ihre Kameraden über. Es war schon tiefe Nacht, bis die letzten im Lager auf einer kleinen Anhöhe am Fluß anlangten.

Samstag 7. November. Schlechter Weg heute. Wir müssen auf's Neue das Plateau erklimmen, und oben angelangt, sehen wir, daß wir wieder absteigen müssen. So marschiren wir vier schwere Stunden, zahlreiche Schluchten mit zum Theil angeschwollenen Wasserläufen passirend. Gegen 11 Uhr sehen wir die ersten Hütten von Maembe. Da ich ein kleines Geschwür am Knie habe und der Marsch ziemlich anstrengend ist, beschließen wir, zu bleiben, wie Dr. Lenz. Unser Haussa bringt uns sehr gute Ananas, die vielfach verwildert hier wachsen.

Sonntag 8. November. Um 6³/₄ Uhr steigen wir in ein kleines Thal, gewinnen aber sofort wieder ein schönes, fruchtbar aussehendes Plateau. Wir sehen den Congo in Nord-West und Nord-Ost zu gleicher Zeit. Derselbe muß einen großen Bogen beschreiben. Wir kommen um 8 Uhr zum Markte. Es ist gerade Markttag, aber noch Niemand anwesend. Alle unsere Anstrengungen, die Träger vorwärts zu bringen, sind vergebens; treffen sie einen Markt, so bleiben sie. Wir gehen weiter, es unsern Leuten überlassend, uns einzuholen. Um 10 Uhr finden wir zerstreute Hütten, Woombo, wo Dr. Lenz bleibt. Wir gehen noch weiter bis zu einer Schlucht, wo sich in Löchern etwas Wasser befindet, um unsere Träger abzuwarten. Eine Ananas mit etwas concentrirter Milch bildet unsere ganze Mahlzeit, unsere Träger mit den Vorräthen kamen noch nicht an. Um 2 Uhr brechen wir auf und gehen noch 1¹/₂ Stunde, nach Norden abbiegend. Unser Haussa zeigt uns eine Berghöhe, hinter welcher Lukungu liege. Doch wir sind ausgehungert und müde. Am Abend kommen unsere Träger; ein gutes, reichliches Abendbrod entschädigt uns für die Tagesarbeit, zwölf Stunden ohne Nahrung, als Getränk lehmfarbiges Wasser, dem wir, um uns zu täuschen, etwas concentrirte Milch zusetzten. Ein schönes Feldhuhn würde das Abendbrod nicht verunstalten, dachte ich, als ich eines derselben locken hörte. Ich suchte, fand es aber nicht, setzte mich darum nieder, abseits vom Lager, um zu lauschen. Als ich aufstand fühlte ich einen stechenden Schmerz im Knie. Ich hinkte zurück und legte mich sofort nach der Mahlzeit nieder. Montag 9. November. Mein Knie schmerzt sehr, ich kann kaum gehen. Ich bitte P. Dupont, sofort bei seiner Ankunft in Lukunga mir eine Hängematte entgegen zu schicken und hinke der Karawane nach. Dr. Lenz und Baumann holen mich ein, ich folge ihnen langsam, komme nach 3½ Stunden nach Lukunga, eben zeitig, um den Abmarsch der Hänge= matte zu verhindern. Ich lege einen Kampherverband um das ange= schwollene Knie und halte mich ziemlich ruhig. Lukunga soll ein Cen= tralposten für den Karawanenverkehr nach dem Pool werden, wo man die Träger anwirbt. Wir fanden dort Herrn Ingham mit seiner Frau und etwas europäischen Comfort, was nach den Strapazen der Reise sehr wohlthuend berührte. Dinstag 10. November. Immer noch Krüppel! Wir beschließen, daß ich bleiben, sobald wie möglich nach Manyanga gehen und mit den dort sicher erwarteten Lasten nach Leopoldville nachkommen solle. Gegen 11 Uhr kommen unsere sechs Träger von Banza Manteke an. Um 12 Uhr bricht P. Dupont auf, mich mit zwei Mann und sieben Lasten zu= rücklassend. Dr. Lenz war bereits am frühen Morgen abmarschirt. So bin ich denn wieder allein. Herr Ingham spricht nur englisch und das Verständigen macht uns Mühe. Dazu Krüppel, unfähig, einen Spazier= gang zu machen!

Die Station Lukunga liegt auf einer kleinen Anhöhe, im Halbkreise vom Lukungafluß umgeben, der ungefähr die Wassermasse der Luima hat. Hier beginnen die Dächer eine halbkreisförmige anstatt der winkeligen Giebelform anzunehmen. Das Thal des Lukunga ist ziemlich flach und fruchtbar, man sieht zahlreiche Dörfer. Auch Wild findet sich viel hier.

Mittwoch 11. November. Dr. Menje, ein Landsmann aus West= falen, Arzt des Congo=Staates, trifft ein mit einem Engländer, auf der Reise nach Leopoldville, wo er den Sanitätsdienst übernehmen soll. Er besichtigt mein Knie: Eine ungefährliche aber langweilige Geschichte, möglichst Ruhe! Dann erzählt er mir Neues aus Deutschland, vom spa= nischen Conflicte 2c. Auch die Berichte Zöller's vom Congo[1]) sehe ich hier. Ich hatte früher die Artikel in der Indépendance belge und dem Mouve= ment géographique mit ihren scharfen Angriffen gesehen und war ge= spannt auf die Ursache dieses Zornes. Was Zöller über den untern Congo bis Vivi sagt, wird jeder Unparteiische unterschreiben, auch für

---

[1]) Vgl. H. Zöller, Forschungsreisen in der deutschen Colonie Kamerun III, S. 130 ff.

die Strecke bis nach dem Pool; wenigstens was ich vom Congo sah, stimmt im Allgemeinen. Dagegen ergötzten uns die Berichte in andern Zeitungen durch ihre Naivetät, mit der sie dem Leser alles Gold in Rosa malen. Grau in Grau ist der richtige Ton! Ich habe noch keinen hier in Africa gesehen, der die Reise nach dem Pool machte und seine Ein= drücke über diese Wegestrecke in anderer Weise kund gab als in Syno= nymen von: „Ein elendes Land". Weiter oben ist, sagt man, das Land besser, und nach den Berichten von Lieutenant Wißmann soll der Kassai sehr reich sein, aber auch Wißmann sagte vom untern Congo: „Das ist eine scheußliche Gegend"[1]).

Donnerstag 12. November. Ich klebe an der Scholle! Von längerm Marschiren ist keine Rede. Nun, ich habe wenigstens Unterhaltung in der Muttersprache, von der Heimath.

Sonntag 15. November. Gestern gegen Mittag legte ich mich zu Bett, mein Kopf drehte sich im Kreise, alle Pulse hämmerten, alle Ener- gie weg, alles schwarz. Nach kurzer Zeit trat ein reichlicher Schweiß, unterstützt durch große Quantitäten Thee, ein. Ich erwache des Morgens, den Kopf etwas schwer, die Ohren dumpf von Chinin, aber ohne Fieber. Zum Frühstück noch $\frac{1}{2}$ Gramm Chinin und Dr Mense erklärt, nun könne er mit gutem Gewissen abreisen, ich habe seine Hülfe nicht mehr nöthig, dagegen müsse ich noch einen Tag warten, um mir keinen Rück= fall zuzuziehen.

Montag 16. November. Die bestellten Träger kommen erst spät. Ich verlasse Lukunga um $10^1{}_2$ Uhr bei ziemlicher Hitze. Im Vorbei= gehen begrüße ich den bei Lukunga befindlichen englischen Missionar und passire auf einer Lianenbrücke den Lukungafluß. Zwei riesige Bäume neigen ihre Kronen zusammen. Eine von Lianen geflochtene Brücke ist von einem zum andern gespannt und durch zahlreiche in den Kronen be= festigte Lianen gehalten. Die Brücke selbst ist muldenartig, so daß man nicht herausfallen kann, und macht auch dem Furchtsamsten Muth. Der Weg führt sanft aufwärts auf einen hohen Bergrücken in nördl. Rich= tung. Nach zweistündigem Steigen passiren wir die Paßhöhe, ein hier beginnender Wasserlauf führt sein Wasser dem Congo zu; etwas weiter abwärts in einer Thalerweiterung liegt Ndungu, ein ziemlich bedeu= tendes Dorf. Da die Hitze beträchtlich, der kommende Weg schlecht und mein Knie angegriffen ist, bleibe ich die Nacht mit meinen sieben Leuten in Ndungu. Der Fumu räumt mir eine große, schöne Hütte ein.

[1]) Damit stimmen überein die Berichte des Americaners W. P. Tisdel, der Deutschen Pechuël=Loesche, Lenz und Chavanne.

Dinstag 17. November. Um ¹₂6 sind meine Leute munter und auf den Beinen. Es sind keine Loangos, sondern Eingeborene, die für die Reise bezahlt sind und darum rasch gehen. Der Weg führt nord-östlich über zahlreiche Schluchten und kleine Wasserläufe, auf und ab über das bergige Land, bis wir den Congo zu Gesichte bekommen. Wir folgen seinem Laufe aufwärts, über die Berghöhe hingehend, bis wir Manyanga und die Station zu Gesichte bekommen, dann steigen wir bergab, um plötzlich uns durch einen Bach aufgehalten zu sehen, welchen der angeschwollene Congo hoch aufgestaut hat. Weiter oben ihn zu über-schreiten ist unmöglich, sein Bett ist in eine Schlucht mit senkrechten Wänden eingeklemmt. Einige Gewehrschüsse meldeten unsere Anwesen-heit nach Manyanga, eine Pirogue kam alsbald und setzte uns hinüber, in 5 Minuten waren wir dann in Süd-Manyanga, oder wie es sonst heißt Ngombe. Ich fand dort die liebenswürdigste Aufnahme seitens des Chefs, Herrn Dannfeld, eines schwedischen Lieutenants, und traf auch Herrn Dr. Menje wieder. Von unserm Gepäck bis heute nicht das Ge-ringste eingetroffen.

III. Irrfahrten.

Manyanga 18. November bis 9. December. Drei lange Wochen warte ich hier, das Boot ging nach Isanghila und brachte die Nachricht, dort sei noch nichts für uns eingetroffen. Ich beschließe, nach Vivi zu gehen, und von dort alles zu expediren, ehe ich auf's neue aufwärts reise. Dr. Menje geht am 19. über den Congo nach dem auf einem etwa 150 Meter hohen Kegel gelegenen Nord-Manyanga, um von dort aus über das Norduser nach dem Stanley-Pool zu gehen. Ich begleitete ihn über den Fluß und hatte die Freude, eine Stunde mit den PP. Augouard und Paris verleben zu können. Sie waren auf der Reise nach Linzolo, unter-halb Brazzaville am Pool [1]. In einer Schlägerei mit Eingeborenen waren acht ihrer Loangos verwundet worden. Diese Schlägereien sind gerade nicht selten, indessen gelingt es in der Regel dem Europäer, wie den Patres in diesem Falle, die Streitenden auseinander zu bringen, auch fürchten die Eingeborenen die Rache des Bulamatari (Steinzertrüm-merer, wie man Stanley nannte).

In Manyanga befand sich auch die französische Kwilu-Congo-Ab-grenzungs-Commission, Dr. Rouvier mit zwei Begleitern. Sie hatten vor einigen Tagen einen Senegal-Schützen in einem Scharmützel mit den Eingeborenen des Innern verloren. Die französische Regierung wünscht

[1] Linzolo ist eine von den Vätern vom h. Geist angelegte Missionsstation am nörd-lichen Ufer des Stanley-Pool.

einen Einschiffungsplatz hier zu haben, doch wird es schwer sein, einen geeigneten Punkt zu finden. Manyanga bildet die Grenze der Schiffbarkeit, oberhalb fallen die Ufer steil zum Congo ab und der Fluß ist sehr reißend. Er hat gegenwärtig bei Hochwasserstand eine Breite von 1500 Meter, alle Felsen und Bänke sind bedeckt.

Manyanga gilt für den ungesundesten Platz am Congo; wodurch es diesen Ruf sich angeeignet, weiß ich nicht, Thatsache ist, daß hier ein Europäer noch nie länger blieb als sechs Monate (Herr Dannfeld ausgenommen), dann mußte er wegen Krankheit weg oder starb (11 Europäer in kurzer Zeit). Sümpfe gibt es nicht, die Ufer sind unwirthlich, steinig; woher die Miasmen? Eines beobachtete ich an mir selbst: allmälig sich einstellende Schlaflosigkeit, was ich sonst nie hatte. Hier erhielt ich am 7. Dec. die vom Pool kommenden Loangos, sie waren mit Colonel Winton herabgekommen nach Lukunga und von dort nach Manyanga. Herr Dannfeld besuchte Herrn Administrator in Lukunga und zurückgekehrt, stellte er mir ein Boot zur Verfügung zur Fahrt nach Isanghila. Am 9., Morgens 10 Uhr stießen wir ab, nach einem herzlichen Lebewohl.

Isanghila-Fahrt 9. Dec. 10 Uhr bis 10. Dec. 4 Uhr Nachmittags. Das starke, eiserne, aus sechs wasserdichten Sectionen bestehende Ruderboot nahm meine 24 Loangos und mich auf zu den 13 Mann Bemannung. Die Strömung trug uns rasch abwärts, in 16stündiger Fahrt legten wir die sechs Marschtage zurück, aber welche Fahrt! Eine halbe Stunde gleiten wir ruhig dahin beim einförmigen Gesang der Sansibar- und Manyanga-Leute, dann wird der Strom unruhig, mächtige Wirbel zu beiden Seiten, die mit dumpfem Gebrause zusammenschlagen; die erste Minute, muß ich gestehen, war mir peinlich. Meine Loangos starrten mir entsetzt in's Gesicht, ich zündete mir eine Pfeife an, um ihnen zu beweisen, daß alles sicher sei; so kauerten sie ruhig in den Sectionen, in einigen Minuten waren wir darüber weg. Ich spreche von Pfeife; man findet hier überall Tabak, zum Theil sehr guten, die Bateke am Ober-Congo bereiten wurstförmige Rollen daraus, andere Stämme binden ihn einfach halb trocken fest in ein Bananenblatt und lassen ihn so austrocknen. Der nicht eingewöhnte Europäer findet ihn stark und taucht darum die Blätter eine Stunde in Wasser, ehe er sie einrollen läßt.

Dann folgten einige ruhige Stunden. Wir machen ½ Stunde Halt in der Nähe eines Dorfes am linken Ufer zum Frühstücken. Ich fand dort mächtige Marmorfelsen (grau-weiß) oberhalb der Lukungamündung. Wir gleiten im ruhigen Wasser an der zum Theil überschwemmten Ebene (Bäume bis zur Krone im Wasser) der Lukungamündung vorbei. Auch das rechte Ufer ist flacher als weiter oben und macht keinen so unangenehmen Eindruck wie bei Manyanga, die Höhen sind mit grünem Gras bedeckt, die tiefern Stellen mit Wald.

Gegen 2 Uhr bekommen wir einen schief in den Congo vorspringenden Felsen am linken Ufer zu Gesichte. Wir sahen die Wasser sich an ihm wild brechen und das Brausen drang dumpf zu uns herauf. Ich zün= dete wohlweislich die Pfeife an, befahl meinen Leuten, sich sammtlich in's Boot zu kauern, und vorwärts mit Gott! Not good, sagte der Zanzibar= steuermann, auf die enge Schlucht zeigend, wo der Congo sich durch= zwängt. Die Ruderer arbeiteten wie Verzweifelte. Vergebens, der Wir= bel erfaßt uns und uns mit Gewalt im Kreise herumschnellend, trägt er uns um den Felsabhang herum. Der Capita murmelt Koranverse, meine Loangos verbergen ihr Gesicht in den Händen, die Ruderer sitzen stumm zur Arbeit bereit, ich suche meine Gleichgültigkeit zu bewahren, d. h. meine Aufregung zu verschleiern, während ich leise das Ave maris stella sang. Dann erhielt das Boot einen mächtigen Stoß, der Strom gab die in die Tiefe gezogenen Wasser zurück und warf uns dabei auf die Seite. Rasch griffen die Ruderer ein, wir entkamen dem schlimmsten Punkte. Zwar faßte uns noch ein Mal ein Wirbel, doch nun hatte man Vertrauen in das Boot. Der Felsen ist der Loreley ähnlich, der Fluß sehr enge (3—400 Meter). Doch hier ist es keine Nixe, die den fahr= lässigen Schiffer durch ihren Gesang bethört, hier ist es ein Riese, der mit furchtbarem Grollen seine Beute fordert, doppelt furchtbar jetzt, wo der Fluß 19 Fuß höher steht als in der trockenen Jahreszeit. Ein lautes Jauchzen der Bemannung belehrte uns, daß für diesmal die Gefahr vorbei war.

Um 4 Uhr landeten wir am linken Ufer gegenüber dem „Castle Rock", einem aus der Ferne einer Ruine sehr ähnlichen Felsen. Der Strom bildet hier eine Insel, der Hauptarm fließt rechts am Castle Rock vorbei, ein zwar eben so breiter aber bedeutend ruhigerer Arm führte zu unserm Lagerplatz. Ich wollte nur Lebensmittel kaufen und fortfahren. „Not good", sagte der Capita, auf den Fluß zeigend, und ich sagte „Morgen". Die Leute waren zufrieden und ich bereute es nicht, auf zwei Stunden verzichtet zu haben.

Ich erstieg einen Abhang, um den Fluß zu überschauen. Der linke Arm bildete eine Bucht, ein schmaler Wasserstreifen von 60—80 Meter Breite führte zum Hauptarm; die über das felsige Ufer hinstürmenden und sich brechenden Wellen sprachen laut für die reißende Strömung. Ich ließ das Zelt aufschlagen, ein beim Vorüberstreichen herunter ge= schossener Fischadler wurde als guter Braten von meinen Leuten in Empfang genommen. Dann Abendessen und schlafen.

Donnerstag, 10. Dec. Das Schlimmste stand uns noch bevor.
Wir schifften uns ein vor Sonnenaufgang, ruderten in die Bucht hinaus
und dann mit der reißenden Strömung durch den engen Arm dem Congo
zu. Hier dasselbe aufregende Schauspiel wie gestern. Die beiden recht=
winkelig zusammentreffenden Strömungen bilden furchtbare Wirbel, die
Krümmung des Flusses vermehrt sie noch; wir glaubten schon, zwischen
zwei Trichtern hingleitend, das jenseitige Ufer und damit verhältniß=
mäßige Ruhe erreicht zu haben, als plötzlich das Steuer aus seinen
Angeln ging. So rasch auch ein Ruder festgeschlungen und als Steuer
benutzt wurde, das Boot widerstand nicht der kreisenden Bewegung. Ein
Mal erfaßt, drehten wir uns auf's neue im Kreise, rasch und immer
rascher, daß die Uferfelsen in schwindelerregendem Reigen umhertanzten.
Schloß sich ein Wirbel, so warf er uns einem neu sich bildenden zu.
So wurde das Boot dem Strom überlassen, um das glücklicherweise fest=
gebundene und so vor dem Verlust geschützte Steuer neu einzuhängen.
Dies gelang mit kluger Benutzung der kreisenden Bewegung, und unter
Aufgebot aller Kräfte kam das Boot von dem hinter dem vorspringenden
Ufer sich regelmäßig bildenden Wirbel weg, in dem wir uns drehten,
ohne von der Stelle zu kommen. Wir erreichten den offenen Strom
und nach einstündiger Fahrt ruhigeres Wasser. Noch eine Stromschnelle,
ein kleiner Fall, über den wir dicht am Ufer ohne Unfall hinwegglitten,
dann ging es rasch abwärts; der Strom bildet zwar hier und da noch
Wirbel bei seinen scharfen Krümmungen, doch vermieden wir sie leicht.
1,14 Uhr sahen wir Isanghila auf seiner Berghöhe, etwas später
den weithin hörbaren Isanghila=Fall und um 4 Uhr landeten wir. Ich
dankte Gott, daß die Fahrt beendet sei. Von der Station sieht man
hinab in den Katarakt. Der Hauptfall wird durch eine Felsbank in
Gestalt eines ⌐ gebildet, über die der Strom hinunterstürzt, um noch
einige hundert Meter weit über die ihm den Lauf verengenden Felsen
hinwegzubrausen. Der eigentliche Fall ist wohl nicht höher als zwei
Meter, der Congo etwa 1000 Meter breit.
Von Manyanga bis Isanghila wird der Congo für schiffbar gehalten;
weiter oben und unten sind die zahlreichen Livingstone=Fälle und =Schnellen.
Doch auch diese Strecke ist voll von Gefahren und zu Berg sehr schwer
zu passiren. Früher war der „Royal" hier, eine Dampfschaluppe, die
den Dienst vermittelte, jetzt sind es zwei eiserne Boote, jedes von 100
Lasten Tragfähigkeit, sich durch Ruder und Segel aufwärts bewegend, an
den schlimmen Stellen an Tauen vom Ufer aus gezogen. Glücklicherweise
weht der Wind regelmäßig zu Berg. Die Fahrt dauert von Isanghila
nach Manyanga 8—10 Tage, mehr wie zu Lande, furchtbar ermüdend
durch das Kauern im Boote.

Isangbila hat, wie Manyanga, ein fortähnliches Aussehen; auf einem freien Kegel ist eine Terrasse aufgeschüttet, durch zwei bis drei Meter hohe Steinmauern gehalten, so daß es von der Ferne aussieht, als sei es mit Wall und Graben versehen. Festung sollte es auch sein, wie alle von Stanley angelegten Stationen. Die Häuser sind wie in Lukunga und Manyanga aus Holz und Gras gebaut, mit einer recht reinlich aussehenden Mattentapezierung. Doch halten sich dahinter Eidechsen, kleine Schlangen und Fledermäuse verborgen, deren Rascheln während der Nacht anfangs nicht gerade angenehm ist. Die Umgebung ist öde und so arm, daß sie die Station nicht mit Lebensmitteln ver- sehen kann.

Freitag, 11. Dec. In der Nacht fiel ein starker Regen, der bis Morgens gegen 9 Uhr dauerte. Die Erde war vollständig durchweicht, so daß an Aufbrechen nicht gedacht werden konnte. Ich ließ meine Hängematte herrichten, die Leute sich fertig machen und beschloß dann, zu warten, bis die Erde getrocknet wäre. Um 1 Uhr nahm ich Abschied vom Stationschef, einem Americaner, und setzte mich in Marsch. Durch den Regen war jeder Graben zu einem Gießbach geworden, über den ich mich in der Hängematte tragen lassen mußte. Wir gingen am hohen Abhang den Congo entlang. Derselbe bildet unterhalb des Isanghila- falles eine Erweiterung, voll von Felsen und kleinen Inseln, mit sehr aufgeregtem Wasser, dann verengt sich wieder sein Bett und er bildet noch mehrere kleinere Schnellen.

Wir erstiegen einen hohen, steilen Abhang, auf dessen anderer Seite wir Wald fanden. Hier sahen wir zum ersten Mal Spuren der „Congo- straße". Man sprach mir in Brüssel davon, es sei eine die Fälle um- gehende Fahrstraße hergestellt. Dieselbe ist heute verschwunden. Nur im Walde sieht man noch die ausgehauenen Schneußen und am Congo, etwa zwei Stunden von Isanghila, noch die Erdarbeiten. Dort war eine wirkliche Straße mit Pfahlunterbauten noch auf kurze Strecken sicht- bar, über schlechte Stellen führen Knüppeldämme. Riesige Bäume stürz- ten darüber hin und blieben ruhig liegen, die mächtigen Regengüsse schwemmten große Theile weg, so daß vielfach kaum mehr ein Pfad existirt, und hier und da ist der Weg vollständig durchbrochen oder durch Geröll überdeckt. Die Straße diente zum Transport der Dampfer des Ober-Congo, die auf Achsen gelegt und von Hunderten von Menschen geschleppt wurden. Der Weg führt uns, während mehr als zwei Stun- den verhältnißmäßig eben, den Congo entlang durch den den Bergabhang bekleidenden Wald über diese „Fahrstraße". Außerhalb des Waldes sieht man keine Spur mehr, und schon ein Saumthier dürfte nicht ohne Vor- sicht gehen.

Nach dreistündigem Marsch hörten wir auf's neue das Brausen eines Falles. Der Weg führte uns dicht daran vorbei. Die Hauptmasse des Congo gleitet an einer schiefen Fläche von ungefähr 100 Meter Länge hinab und bildet weiter unten mächtige Wirbel, während auf der linken Seite des Flusses ein vielleicht 80 Meter breiter Arm, durch eine lange, schmale Felsbank vom Hauptarm getrennt, ruhig weiter fließt, um dann mit einem Mal in den ihm in einer Krümmung begegnenden, schon einigermaßen geglätteten Hauptarm hinabzustürzen. Bei dem gegenwärtigen hohen Wasserstande fällt an einigen Stellen das Wasser aus diesem kleinern Arm über die Felsbank weg in den tieferliegenden Hauptarm; doch bei niederm Wasserstande, schien es mir, sind beide vollständig von einander getrennt. Die ganze Tiefe des Falles mag vier Meter betragen.

Wir verließen hier den Congo, gingen durch ein kleines Thal nördlich aufwärts und gewannen eine kleine Anhöhe, auf der wir für die Nacht unser Lager wählten.

Samstag 12. Dec. 1885. Ein feiner Regen fiel am frühen Morgen. In Folge dessen bin ich in fünf Minuten bis an die Schultern durch die vom hohen Gras abgestreiften Tropfen durchnäßt. Vom Pfad sieht man hier gar nichts; das immer ein, oft zwei bis vier Meter hohe Gras und Schilf hat ihn vollständig bedeckt, so daß man ihn bloß mit den Füßen fühlen kann. Der Tag ist ziemlich kühl, ein Kleiderwechsel würde nichts helfen, und sich in der Hängematte tragen zu lassen, wäre erst recht verfehlt. So marschire ich in scharfem Schritt weiter. Wir gehen bis Mittag durch das schilfbewachsene Bunbithal, nicht zu verwechseln mit dem Thal des Bundiflusses. Von Zeit zu Zeit passiren wir einen kleinen, sumpfigen Wasserlauf, die Hälfte des Weges gehen wir überhaupt im Wasser. Der feine Morgenregen hat sich im ausgetretenen Pfade angesammelt und das ebene Terrain verhindert den Abfluß. Durchnäßt, wie ich bin, kann ich mich nicht tragen lassen, also muthig weiter gepatscht, die Bewegung wird eine Erkältung verhüten. Der Missionar ist doch der, welcher aus diesen Strapatzen den meisten Nutzen zieht, und wo Andere durchkommen, kann er sich nicht zurückschrecken lassen, eigentlich müßte er überall vorauf sein. Gegen Mittag bricht die Sonne etwas durch, wir erreichen etwas höheres Terrain mit niedrigerm Gras, meine Kleider sind bald getrocknet. Ich winke meinen Hamakträgern und mache es mir in der Hängematte bequem. Mein Knie gestattet mir noch kein andauerndes Marschiren, und der scharfe sechsstündige Marsch am Morgen hat dasselbe ziemlich ermüdet.

Wir passiren gegen 2 Uhr die Bundi, einen starken Bach. Es kommt öfters vor, daß Karawanen zwei Tage an seinem Ufer liegen, ohne hinüber zu können, da die Regengüsse denselben hoch anschwellen und das starke Gefälle ein Durchwaten unmöglich macht. Wir fanden keine Schwierigkeiten. Das Thal des Bundibaches ist sehr tief und steil eingeschnitten, während das sogen. Bundithal flach ist und bedeutend höher liegt. Es könnte wohl mit Erfolg angebaut werden, liegt aber gegenwärtig öde. Die Thalwände des Bundi sind waldig, die Umgegend wildreich, voll von Antilopen und Büffeln. Ich sah dort eine Heerde der von den Negern „Suunga" genannten Antilopen. Ein Thier von Eselsgröße, dunkelbraun, mit zwei Fuß hohem, aufrechtstehendem Gehörn. Außerdem eine hirschähnliche Antilope, rothbraun, mit kleinem Gehörn (Ngurulu).

Das sogen. Bundithal scheint mir dem Botaniker ein reiches Arbeitsfeld zu bieten; ich sah dort sehr schöne Erd-Orchideen, Malvaceen und namentlich Schmetterlingsblüthler. Leider war ich gar nicht in der Lage, zu sammeln, da mir alles Nöthige fehlte; sonst hätte ich wohl einen Tag geopfert. Auf meinen frühern Märschen sah ich wohl auch das eine oder andere botanisch Bemerkenswerthe, aber nicht diese Verschiedenheit wie hier, wo man in verhältnißmäßig kurzer Zeit über die verschiedensten Terrainformen, steinige Höhe, ebenes, trockenes, buschiges Land und Sumpf dahinschreitet. Wenn ich mir ein Urtheil erlauben darf, so geht es dahin, daß der größte Theil der Flora dieses Landes zusammengesetzt ist aus Gramineen, Papilionaceen und Malvaceen; Orchideen kommen nur in wenigen Arten vor, Kalk findet sich eben selten am Congo. Das ganze Land ist indessen trotz des Comité des études du Haut-Congo botanisch wie überhaupt wissenschaftlich noch gar nicht erforscht; auch geschieht seitens der Agenten des Staates nichts zu diesem Zwecke; man sagt, es sei ihnen verboten, Nachrichten an andere als die Brüsseler Verwaltung gelangen zu lassen oder Sammlungen an andere als diese zu senden. So geschieht gar nichts. Was von Forschungen vorgenommen wurde, geschah meist von anderer Seite, z. B. ist die Erforschung mehrerer Congo-Nebenflüsse das Verdienst des englischen Missionars Mr. Grenfell [1]).

Von der Bundi marschiren wir noch bergauf, bergab über kleinere Wasserläufe drei Stunden bis nach Sadika Banza, dem ersten Dorfe seit Isanghila, wo wir für die Nacht campiren. Ich schlage mein Zelt inmitten des Dorfes auf; die Hütten sind mir zu schmutzig, sie sind nicht mehr so schön und geräumig wie von Banza Manteke nach Manyanga.

[1]) Die englischen Missionare Grenfell und Comber erforschten mit dem der Baptistenmission gehörigen Dampfer „Peace" mehrere wichtige Nebenflüsse des Congo, z. B. den Jtelemba, den Ubangi, den Jtimbiri. Grenfell und Lieutenant von François, einer der Begleiter Wißmann's, befuhren August bis October 1885 den Lulongo und den Tschuapa (Ruli).

Der Jumu versprach mir Hühner; da er damit nicht eilte, kaufte ich einige von einer zum Markte gehenden Karawane nebst sehr guten Bananen und einigen Eiern und bedeutete dann dem Jumu, ich habe seine Geschenke nicht mehr nöthig; natürlich dispensirte ich mich auch vom üblichen Gegengeschenk, was ihm nicht gefiel.

Sonntag, 13. Dec. Am frühen Morgen brach ich auf, dies Mal mich sogleich in die Hängematte legend, um rascher vorwärts zu kommen, denn die Hamakträger laufen einen kurzen Trab, und mit meinen 24 Mann können sie sich oft ablösen. Doch das Terrain ist ziemlich schwierig, ich steige oft ab zum Ueberschreiten der tiefen Thäler, wo das Tragen langsamer geht als das Gehen. Um 8 Uhr komme ich nach Mganghila, wo ich einen Augenblick verweile, da die Leute sich Malasu kaufen wollen. Ich sehe zu meinem Staunen, daß „Malasu" hier bereits „Schnaps" bedeutet, der von Vivi hierherkommt. Ich gestatte bloß drei Flaschen für sämmtliches Personal und setze dann den Weg fort in der Hoffnung, zum Frühstück in Vivi sein zu können. Es wurde ziemlich warm, und als ich, in Mambuk, etwa eine Stunde von Vivi, auf einem Plateau gelegen, ankam, war es bereits Mittag. So blieb ich dort bis 3 Uhr, stieg auf einem sehr steilen, auch als Bachbett dienenden Pfad voll Felsgeröll hinab und kam, das Dorf des in der Antwerpener Ausstellung ausgestellten Massala rechts lassend, um 4 Uhr zum Erstaunen Aller nach Vivi, frisch und gesund. Meine Reise war eine der schnellsten; im Allgemeinen verwendet man vier Tage von Isanghila, ich brauchte nur zwei Tage drei Stunden.

Massala, der in Antwerpen als Congo-König Vorgeführte, ist ein Dorfschulze über 20—30 Hütten, Unterthan von Vivi-Mavungu, dem Chef der Umgebung von Vivi, und dieser selbst ist Sklave, d. h. Unterthan eines weiter im Innern residirenden Fürsten. Man schwindelt da draußen in Belgien doch etwas gar zu stark!

So bin ich wieder in Vivi; dies gäbe mir Grund zu sehr boshaften Erörterungen über das, was von Versprechen zu halten ist! Das ganze Gepäck ist nach Matadi gebracht worden, der Strom ist sehr schwer zu passiren; ein Krubursche verliert beim Versuch das Leben. Endlich kommt die „Belgique". Am 21. December erhalte ich 24 Lasten, am 22. Morgens gebe ich 22 meinen Leuten; man sagt mir, die Boote könnten nichts für uns von Isanghila nach Manyanga bringen; ich schicke am Nachmittag mit der „Belgique" meine Leute auf's Südufer, um von da nach Manyanga zu gehen.

23. Dec. bis 13. Januar. Die Verkehrsmittel fehlen, ich kann nicht stromab kommen; zu Fuß nach Boma zu gehen, gestattet mir mein durch den letzten Marsch verschlimmertes Knie nicht. So naht das Weih-

nachtsfest, das ich in ziemlich trauriger Stimmung verbringe; ebenso Neujahr. Dann kommt der „Heron" nach Matadi. Ich schiffe mich auf der „Belgique" ein; die Fahrt nach Matadi war keine angenehme. Wir geriethen zwei Mal auf Sandbänke, ehe wir den freien Strom gewannen, dann stieß das schlecht geführte Boot mit voller Gewalt draußen im Strom auf einen Felsen, wodurch wir beinahe kenterten. Der gerade an Bord befindliche frühere Capitain der gesunkenen „Ville d'Anvers" übernahm im entscheidenden Augenblick das Commando, führte uns zum Ufer zurück und das Schiff wurde untersucht: eine starke Eisenplatte, die ein früheres Leck bedeckte, hatte den Stoß erhalten und ausgehalten. Dann begann das kleine Schiff auf's neue den Kampf mit dem angeschwollenen Strom und gelangte unter der Führung von Steinfeld glücklich nach Matadi.

Der „Heron" brachte uns am 3. Januar 1886 nach Boma und am 4. nach Banana, wo ich fieberkrank im holländischen Hause die freundlichste Aufnahme fand. Zwei Tage Ruhe und gute Pflege stellten mich vollständig her. Ich erwarte dann, nach Erledigung meiner Geschäfte, eine Gelegenheit, um nach Vivi zurückzugehen. Der „Moriaan", ein starker Dampfer des holländischen Hauses von 40 Tonnen, bringt mich am 13. Januar nach Boma, am 16. nach der Factorei Mussuku, am 17. nach Nokki und Ango-Ango, dem Ausgangspunkt der Unternehmungen des holländischen Hauses im Innern, am 21. nach Fuka-Fuka in der Nähe von Matadi, wo ich die von Manyanga angelangten Loangos einschiffe, und dann nach Lodi-Tafi, unterhalb Vivi, von wo ich am selben Tage in einer Stunde nach Vivi gehe. P. Dupont hatte seine Ankunft für den 21. oder 22. Januar angezeigt, P. Merlon war am 14. nach Manyanga ihm entgegen gegangen. Ich warte bis zum 28.; P. Dupont langt Morgens 10 Uhr in Vivi an mit 78 Trägern von Manyanga. Ich hatte sämmtliches Gepäck nach Vivi bringen lassen; so ordnen wir unsere Angelegenheiten so rasch wie thunlich, und nach den üblichen Schereereien beim Vertheilen der Lasten unter die Träger nehmen wir Abschied vom weißen Personal der Station und brechen Abends 5½ Uhr auf. [Die kurze Schilderung des Rückmarsches von Vivi nach Manyanga ist hier übergangen, weil sie ohne erhebliches Interesse ist und zum Theil bereits Bekanntes anführt.]

Wir brechen am 10. Februar, Morgens gegen 8 Uhr mit unsern Loangos (von Manyanga) auf zum Weitermarsche nach dem Pool. Wir ersteigen in 1½stündigem Marsche auf der „Dampferstraße" [1] die Berg=

---

[1] Die „Dampferstraße" wurde von Stanley von März 1880 bis December 1881 gebaut zur Umgehung der Livingstone-Fälle und um mehrere zerlegbare Dampfer zum Stanley-Pool zu schaffen.

höhe und campiren in der Nähe eines Dorfes, das man uns Bunda nennt. Auf dem Wege sahen wir ein menschliches Gerippe hoch an einer Stange festgebunden. Der Arme hatte eine ansteckende Krankheit, er wurde aus dem Dorfe verstoßen, an eine Stange festgebunden, und, nachdem man ihm aus Gnade die Kehle durchgeschnitten, die Stange aufgerichtet. Wann wird das Christenthum hier durchdringen und mit ihm seine Lehre: „Charitas!"

Wir gehen am Nachmittage nach dem Dorfe selbst, um womöglich Träger zu finden. Daselbst treffen wir eine Bande von acht Mann, die sich anbietet, mit uns zu gehen.

11. Februar. In der Nacht werden wir durch den Lärm unserer Leute aufgeweckt. Ein Ballen Zeuge fehlt. Wir untersuchen am Morgen, drei von den acht Trägern sind verschwunden. Mit Hülfe der Dorfbe-wohner nehmen wir die fünf übrigen fest und P. Dupont begleitet sie nach Manyanga. Nach seinem Abmarsch kommen sechs bis sieben mit Flinten Bewaffnete zu mir; ich müsse das Dorf räumen, ich sei Schuld, daß kein Regen komme. Ich vertröste sie auf den folgenden Tag. Sechs von Manyanga gesandte Zanzibarleute kommen an und machen weitere Ver-handlungen überflüssig. Am Abend kommt P. Dupont mit einem der Gefangenen zurück. Sieben Zanzibariten sollen ihn nach seinem Dorfe begleiten, um nach den drei Dieben zu forschen. Die andern vier bleiben in Manyanga als Geiseln. Eine eigene Art von Rechtspflege: Das ganze Dorf ist solidarisch haftbar für jeden seiner Angehörigen, und jeder Einzelne für die Unthaten der Andern.

12. Februar. Am Morgen ist der Gefangene weg. Er schlief ge-bunden zwischen seinen sieben Wächtern, die ihn laufen ließen, um nicht nach seinem Dorfe gehen zu müssen. Ein starker Regen durchnäßt uns am Morgen, indessen die Sonne hat uns bald getrocknet. Wir be-gegnen dem Dr. Büttner [1]), der nach Europa zurückkehrt. Die Regengüsse haben tiefe Schluchten mit senkrechten Wänden in den harten Laterit gerissen, mitten aus dem Abgrunde erheben sich schmal und hoch scharfe Zacken von festerem Stoffe. Der Pfad führt bisweilen hart an solchen Abgründen von 40—50 Meter Tiefe vorbei. Ihr Grund ist mit Baum-wuchs angefüllt, über den sich diese Zacken in seltsamen Formen bis zur ursprünglichen Terrainhöhe erheben. Gegen 3 Uhr biegen wir rechts vom Pfade ab und lagern im Dorfe Bunda.

13. Februar. Man sagt uns, es gäbe einen kürzern Pfad, als den über Lutete und den großen Markt. Ein Mann bietet sich an, uns

---

¹) Dr. Büttner war am 27. Juni 1885 mit 80 Loango-Leuten von San Salvador zum Kwango aufgebrochen, hatte diesen Nebenfluß des Kassai bis Kiballa verfolgt, dann in westlicher Richtung über Land den Stanley-Pool erreicht.

denselben zu zeigen. Wir erreichen nach ¹/₂ Stunde die „Dampferstraße", am Gebüsch noch erkennbar, da das Gehölz weggehauen ist. Wir lassen Lutete mit der englischen Mission ungefähr 1¹/₂ Kilometer rechts liegen, überschreiten einen starken Bach nebst mehrern kleinen Wasseradern, passiren in ¹/₂ Kilometer Entfernung den großen Markt von Lutete, erreichen einen starken Bach und nach 5¹/₂ stündigem Marsche schlagen wir unser Zelt in Njungi auf. Die Gegend ist etwas ebener wie weiter unten und mehr bewaldet. Die Schluchten sind alle stark bewachsen, Wasser ist häufig, wir passiren alle Stunden mindestens einen kleinen oder großen Bach; der Anblick ist nicht so trostlos wie im Allgemeinen bis Manyanga von Vivi aus. Freilich reich ist das Land auch nicht.

14. Februar. Am frühen Morgen unterhandeln wir mit zwei Kapitas. Sie versprechen, am folgenden Tag nach Manyanga zu gehen mit 30 resp. 20 Trägern. Wir geben den Njumus der Beiden ein Geschenk und brechen auf. Das Land bietet denselben Anblick wie vorher, coupirtes Terrain, mit Wald angefüllte Schluchten, auf den Höhen Gras mit Gestrüpp, durch das die Dampferstraße in einer Breite von etwa 10 Metern durchgehauen ist. Hier und da sieht man noch die Wagengeleise im harten Laterit; die Dampfer wurden auf eisernen Wagen von Hunderten von Menschen fortgeschleppt. Der Pfad folgt im Allgemeinen dieser Straße; da, wo die Straße vom Pfade abwich, um z. B. eine Schlucht zu umgehen, haben die Karawanen ihre alte Route beibehalten. Hier und da ist das Gestrüpp bereits wieder hoch aufgeschossen, überall im Wege hoher Graswuchs, der nur einen Pfad mehr von ¹/₂ Meter frei läßt. Wir passiren Nduci und Tiela, zwei starke Bäche, erreichen einen kleinen Bach in einer dichtbewaldeten Schlucht, halten bis 2 Uhr und steigen auf's neue. Nach einer Viertelstunde erreichen wir einen kleinen Markt. Wir finden dort drei menschliche Gerippe an Stangen festgebunden. Der Wind hatte sie umgeworfen. Ein Gerippe schien noch nicht lange da zu sein. Dies ist die Rechtspflege des Marktes. Diebstahl, Tragen und Gebrauch einer Waffe, selbst eines Stockes, werden so mit dem Tode bestraft. Ein Häuptling feuerte einen Schuß auf dem Markte ab. Er hatte den Tod verdient, aber er war zu mächtig, als daß man sich an ihn selbst wagte; so hing man drei seiner unschuldigen Sklaven an's Holz!

Wir erreichen den Inkissi. Er hat 100 Meter Breite und ist der stärkste Nebenfluß auf dem Südufer von der Küste bis zum Pool. Gleichzeitig mit uns langte eine Karawane auf dem andern Ufer an. Die Piroguen waren auf unserer Seite; sehr lange, schmale ausgehöhlte Baumstämme; wir setzten über und fanden die Mitglieder der deutschen Expedition Kund und Tappenbeck; Ersterer war noch etwas leidend in

Folge eines Pfeilschusses im Oberschenkel. Der Chef der Expedition, Lieutenant Schulze, war in S. Salvador gestorben; Kund und Tappenbeck gingen vom Stanley-Pool nach dem Kwango, kreuzten mehrere seiner Nebenflüsse, überschritten den Kassai, den Sankurru und gingen dann auf dessen Ostufer abwärts unter steten Kämpfen mit den Eingeborenen[1]). Ihre Träger waren Loangos, und man war in Leopoldville sehr erstaunt über das, was sie mit diesen Feiglingen geleistet hatten. Wir verplauderten eine angenehme Stunde mit diesen Herren, während ihre Karawane übersetzte; dann sagten wir uns Lebewohl, und sie folgten ihren Leuten. Einzelne ihrer Träger, Nachzügler, mußte ich mit Gewalt in das Canoe treiben; ich wollte nicht, daß sie die Unsern durch ihre lügenhaften Nachrichten über die Bayanzi erschreckten. Wir lagern am Jukissi. Der Fluß ist nicht schiffbar wegen mehrerer Stromschnellen an seiner Mündung; seine Wassermasse ist ziemlich bedeutend, das Thal sehr enge und vielfach gewunden.

15. Februar. Wir ersteigen auf's neue den bewaldeten Thalabhang, finden einen kleinen Marktplatz im angenehmen Schatten von Saphobäumen und nach einer guten Stunde passiren wir Kinkamsao, 1½ Stunde später Nsapho. Das Dorf trägt diesen Namen in Folge eines Irrthums. Ein Europäer fragte nach dem Namen; die Eingeborenen glaubten, er frage nach dem Namen der Obstbäume und sagten Nsapho, welcher Name heute allgemein für das Dorf gilt. So viel ich sehen kann, ist das im Gebüsch versteckte Dorf ziemlich elend, besser ist das nach einer Stunde erreichte Njanda, traurig dagegen das gegen 4 Uhr erreichte Kitombe. Es sind nur mehr einige verkohlte Tragbalken übrig; „Bulamatari" hat es zerstört[2]). Wir suchen das Dorf und finden die neuen Anlagen eine halbe Stunde gegen den Congo auf einem sanften Hügelabhang. Unser Erscheinen ruft allgemeine Bestürzung hervor. Doch beruhigen wir alsbald die Leute und erfahren, daß der Nsumu gegenwärtig in Leopoldville weilt, wohin er eine Anzahl Hühner als Kriegscontribution brachte. Mit Ausnahme einiger Bananen und Palmnüsse fanden wir nichts.

---

[1]) Kund und Tappenbeck waren am 9. August 1885 mit 90 Loangos von Leopoldville aufgebrochen und trafen am 28. Januar 1886 mit 88 Leuten dort wieder ein. Die erfolgreiche Reise der beiden Forscher war von großer Bedeutung, weil große Strecken des mittlern Congo-Gebietes zum ersten Male zu Lande bereist wurden, während die frühern Unternehmungen ausschließlich der Untersuchung der großen Wasser-Adern gewidmet waren.

[2]) Nach Vollendung der Dampferstraße und Umfahrung des Leopoldsees kehrte Stanley im Juli 1882 nach Europa zurück, um mit der Internationalen Association neue Unternehmungen zu vereinbaren. In seiner Abwesenheit kam es zwischen seinen Beamten und eingeborenen Häuptlingen zu Feindseligkeiten, in welchen viele Dörfer zerstört wurden. Gleich nach seiner Rückkehr, December 1882, stellte Stanley das friedliche Einvernehmen mit den Häuptlingen wieder her.

16. Februar. Ein Eingeborener führt uns auf einem kürzern Wege nach unserm alten Pfade, den wir in Kinsumu, einem verlassenen Dorf, erreichen. Dann kommen wir zu einem in Cascaden sich in den Congo stürzenden Gießbach. Der Fluß ist hier sehr schmal, wohl nur 400 bis 500 Meter, und gänzlich unfahrbar. Es ist das erste Mal seit Mannanga, daß wir ihn sehen. Auf der jenseitigen Höhe des Baches erreichen wir Musika und steigen dann in das Visathal hinab, wo ein Bad uns erfrischt. In Nsumu Mbe bleiben wir. Ein Trunk Wasser aus seinem klaren Bächlein verursachte mir einen Dysenterie-Anfall. Das Wasser hatte einen sauern Geschmack.

17. Februar. Am Morgen noch sehr schwach, doch gehen wir weiter. Wir kommen zu Nsumu Koto, dem Ehrenpräsidenten der Gegend: sein zusammengewickelter Bart hat, wenn aufgerollt, gegen 2 Meter Länge, das Männlein ist dagegen alt und klein. Wir lassen 6 Colli zurück, und ich lasse mich im Hamak tragen. Gegen Abend erreichen wir Leopoldville, Dr. Menje erkundigt sich sofort nach meiner Gesundheit; doch ist der Dysenterie-Anfall vorbei, und ein solides Abendbrod stellt die Kräfte wieder her.

IV. Stanley-Pool. Der Congo bis Kwamouth.

18. Februar. Leopoldville ist an einer Berghöhe terrassenförmig aufgebaut, rechts im Thale liegt das Dorf der zahlreichen schwarzen Leute; vor der Station, zwischen ihr und dem Flusse ein unter der Leitung des Herrn Wichmann schön sich entwickelnder Garten. Etwas unterhalb beginnen die Stromschnellen. Der Congo bildet hier eine weite Bucht, in welcher einige Flußpferde spielen. Sie stehen unter dem Schutze des Publicums. Vom Pool [1]) sieht man noch nichts, eine Landzunge verbirgt denselben.

19. Februar. Wir benutzen ein Boot der Station, um uns nach Brazzaville zu begeben, wo P. Mierlon seit acht Tagen weilt. Herr Laneyrie [2]) empfängt uns auf's freundschaftlichste und bietet uns seine Dienste an; in Folge dessen beschließen wir, dahin überzusiedeln, da Leopoldville auch ohne uns bereits überfüllt ist. Wir verplaudern eine Stunde mit P. Mierlon, der erst spät von der Flußpferdjagd ohne Beute zurückkam, und gehen nach Leopoldville zurück.

---

[1]) Der Stanley-Pool ist ein von mehreren Inseln besetztes seeartiges Becken von etwa 12 Qu.-Km., in welchem der Congo seine Wassermassen sammelt, um sie dann in einer großen Reihe gewaltiger Katarakte (Livingstone-Fälle) über die Terrassen der Westküste dem Atlantischen Ocean zuzuführen.

[2]) Chef der französischen Station Brazzaville, starb am 31. Januar 1887.

20. Februar. Die Pirogue von Brazzaville kommt gegen 3 Uhr an, wir schiffen uns ein; in der Ferne grollt Donner. Nach einer halben Stunde braust ein starker Windstoß über den Pool herunter, wir bergen uns noch zur Zeit im Ufergebüsch und kehren bei Anbruch der Nacht nach Leopoldville zurück, wo man nicht ohne Sorge war. Am folgenden Morgen schifften wir uns auf's neue ein. Dies Mal begünstigte uns das herrlichste Wetter. Wir rudern am linken Ufer langsam aufwärts bis zur Callinaspitze, wo Herr Callina, ein Oesterreicher, in den Wellen seinen Tod fand. Sein hoch beladenes Canot schlug in einem Sturme um. Dies ist die Spitze, welche den Pool nach abwärts abgrenzt, die zusammengepreßten Wasser bilden dort eine schwer zu passirende Strömung. Der Congo hat hier, zwischen Callinaspitze und Brazzaville, eine Breite von 2200 Meter; die Schifffahrt ist durch zahlreiche Felsen etwas erschwert. Oberhalb erbreitert er sich sehr rasch. Wir setzen über den Strom und landen gegen 9 Uhr in Brazzaville.

Brazzaville, Hauptpunkt des französischen Congo, ist der schönste Punkt, den ich bisher am Congo gesehen. Seine Lage ist prächtig, den ganzen Pool mit seinen waldbedeckten Inseln beherrschend; in der Ferne ist er von Savannen und waldbedeckten Bergen umkränzt. Die Station ist noch neu. Das erste Haus ist noch aus Stroh und Matten, aber bequem und rein gebaut. Etwas weiter zurück erhebt sich das neue Gebäude, ein Prachtbau, der Stolz des Herrn Laneyrie, mit einem Stockwerk. Das Erdgeschoß ist aus in der Sonne getrockneten Ziegeln errichtet; man ist so eben mit den letzten Dacharbeiten beschäftigt. Das Ganze, aus einheimischem Material errichtet, kann sich den aus Europa gebrachten Häusern in Boma und Vivi an die Seite stellen und zeigt, was Intelligenz und Thatkraft auch hier zu Stande bringen können. Der Gegensatz gegen die Congostaat-Stationen ist für letztere sehr demüthigend.

P. Superior geht nach Linzolo mit P. Krafft, um die dortige Mission zu sehen. In seiner Abwesenheit am Abend hören wir plötzlich eine Ziege kläglich schreien. Sofort stürzen Herr Laneyrie und P. Merlon mit den Gewehren zum Stalle; im nächsten Augenblick knallen Schüsse, und man ruft mir zu, mit Patronen und Flinte zu kommen. Ich eile nach dem Stalle, Schüsse knallen immerfort weiter, Senegalschützen zünden Strohfackeln an. Es war eine gewaltige Pythonschlange, welche eine Ziege umschlungen hatte und nun, verwundet, sich verbergen wollte. Ich gehe in eine Ecke, um nicht durch das Licht der Fackeln geblendet zu werden, als ich mich an den Füßen berührt fühle; ich springe zurück, ein breiter Kopf schiebt sich vorwärts, im nächsten Augenblick knallt mein Schuß und man schreit mir zu: „Sie haben eine Ziege geschossen!"

„aber eine sonderbare," antworte ich; man untersucht und findet zwischen den Stacketen das Reptil mit vollständig zerschmettertem Kopfe. Es maß 4¹/₂ Meter. Die Ziege war beim ersten Schusse verwundet worden, hatte sich aber von der Umschlingung wieder erholt. Sicherheitshalber wurde sie getödtet. Am 9. März schiffen sich P. Superior und P. Merlon auf dem A. J. A. („Association Internationale Africaine") mit Herrn Wißmann[1]) nach Kwamouth ein. Ich bleibe in Brazzaville. Hier ist die Grenze der Bakongo und Bateke. Täglich kommen Karawanen hierhin, nach dem nahen Elfenbeinmarkte Mpila, wohin das Elfenbein von den Bayanzis oder Bubangis gebracht wird. Diese müssen es den Bateke verkaufen; der directe Handel zwischen Bakongo und Bayanzi ist untersagt. Vor etwa 50 Jahren suchten die Bayanzi sich dauernd am Pool festzusetzen, um direct den Bakongo verkaufen zu können, indessen wurden sie von den unter Makoko vereinigten Bateke zurückgeworfen, und seit dieser Zeit datirt das Ansehen von Makoko in Mbe.

Die drei hier zusammentreffenden Racen sind äußerlich sehr verschieden. Die Bateke übertreffen die Bakongo an Größe, sind aber von mehr zartem Körperbau, ihre Gesichtszüge feiner, das Gesicht schmal, der Kopf lang; nach dem Gesichte zu urtheilen, kann man einen 40jährigen Mann für ein 16jähriges Mädchen ansehen. Die Bayanzi dagegen sind kräftig gebaut, oft wahre Hünen, mit breiter Brust, starker Muskelbildung, eckigem Kopfe, treffliche Ruderer, im Uebrigen wegen ihrer Wildheit verschrieen. Sie kommen in ihren schönen großen Pirognen von oben mit Elfenbein, das sie gegen europäische Waaren, Pulver und Gewehre eintauschen. Europäische Factoreien lassen sich am Poole nieder. Wenn Dampfer den Congo befahren und das Elfenbein an erster Quelle aufkaufen, werden wohl beide Stämme ruinirt sein und vielleicht blutigen Widerstand leisten. Die Bayanzi rudern abwechselnd zu beiden Seiten, so daß, von vorn gesehen, das Canot den Anblick eines bizarren Schlittschuhläufers bietet.

Am 26. März kommt A. J. A. zurück, am 28. stattet uns P. Merlon einen kurzen Besuch ab, geht aber sofort nach Leopoldville zurück. P. Superior hat einen tauglichen Platz nördlich von Kwamouth gefunden. Er blieb in Kwamouth, welches er als Chef ad interim verwaltete, während wir mit dem Gepäck auf dem „Stanley" am 20. April aufwärts gehen sollen.

---

[1]) Nach einem kurzen Aufenthalte in Madeira (S. 11) war Wißmann 1886 zum Congo zurückgekehrt, um seine Forschungen wieder aufzunehmen. Er ging den Congo aufwärts zum Kassai, wandte sich von Luluaburg nach Osten, erreichte den Tanganika und im Sommer 1887 die ostafricanische Küste. Dies war Wißmann's zweite Durchquerung Africa's.

Es ist Regenzeit, alle 2—3 Tage zieht ein Gewitter, von Osten kom=
mend, über uns weg. Am 17. April Abends gegen 8 Uhr kam ein
Gewittersturm mit unerhörter Gewalt. Das Haus schwankte, und wir
überlegten bereits, wohin wir uns retten sollten, als ein dumpfer Krach
uns erschreckte. Sofort kamen die Leute entsetzt hereingestürzt: „Herr,
das neue Haus ist umgeworfen." Erst gegen Mitternacht konnten wir
uns zur Trümmerstätte begeben. Ein Cyclon hatte eine Seite des Daches
gefaßt, in die Höhe gehoben, auf die andere Dachhälfte übergeklappt
und dann das ganze Dach niedergeworfen. Die Mauern hatten nur
wenig gelitten, dank dem bereits gelegten Bretterboden. Die Arbeit
eines langen Jahres war in einem Augenblick vernichtet. Am folgenden
Tage wurde rasch die Trümmerstätte gesäubert und mit dem Aufbau
des Daches begonnen, um möglichst rasch die Mauern in Sicherheit
zu bringen.

19. April. Gegen 10 Uhr nehme ich Abschied vom gastlichen
Brazzaville und setze nach Leopoldville über, von wo wir am 20. April,
Morgens 8 Uhr abdampfen. Der „Stanley" ist stark beladen, er geht in
den Kassai mit dem Gepäck der Wißmann'schen Expedition; mit uns
befinden sich an Bord de Macar, Le Marinel für die Kassai=Stationen [1]),
Baron Schwerin, Professor in Lund, auf einer Studienreise.

Die gewöhnliche Route der Dampfer führt am linken Ufer, längs der
großen Insel. Der „Stanley", welcher nur geringen Tiefgang hat, ver=
sucht es auf der französischen Seite und kommt glücklich durch. Das
französische Ufer ist ziemlich eben, erst gegen Mittag langen wir bei den
Bergen des Congo=Ausflusses an, und um 1 Uhr dampfen wir in den
etwa 2000 Meter breiten Strom. Die Bergabhänge sind größtentheils
bewaldet, die am rechten Ufer fallen steil in den Strom, auf weite
Strecken liegt der weiße Thon offen zu Tage, was Anlaß zu ihrem
Namen gab (Doverkliffs). Die Bergeshöhen sind mit hohem Graswuchs
bedeckt, in die einzelne Baumgruppen eingesprengt sind. Dörfer sind
keine zu sehen; auf dem rechten Ufer ein elendes Dorf beim Verlassen
des Pools. Wir dampfen noch zwei Stunden stromauf und machen
Halt, um Holz zu schlagen. Im Uferdickicht sehen wir einen in Ver=
wesung begriffenen Cadaver; die an Bord befindlichen Bangalas hoffen,
ein Flußpferd zu finden und nähern sich, kommen aber sofort zurück; es
ist eine menschliche Leiche.

---

[1]) Die beiden belgischen Offiziere de Macar und Le Marinel wurden von Wißmann
in Luluaburg am obern Kassai zurückgelassen. In einem Aufstande der Negerhäuptlinge
gegen die Herrschaft des Congostaates erlitten die beiden Offiziere durch Verrath ihrer
eigenen Negertruppen eine Niederlage und entgingen nur mit genauer Noth dem Tode.

21. April. Wir gehen stromauf auf dem rechten Ufer. Das Pa=
norama ist herrlich, jedoch fehlt der Mensch; wir sehen nicht ein Dorf [1]).
Der Fluß dagegen ist belebt. Jeden Augenblick begegnen wir den
Pirognen der Bayanzis, die zum Pool gehen, oder wir sehen ihre schwer
beladenen Canots am Uferdickicht langsam bergauf rücken. Hier und da
ein vielbelebter Lagerplatz dieses handeltreibenden Stammes.
22. April. Der Fluß, schnurgerade von NNO kommend, bietet
einen seltenen Anblick. Seine Wasserfläche vereinigt sich mit dem Hori=
zonte. Es scheint, als hätte eine mächtige Hand hier einen gewaltigen
Canal gegraben. Vier Stunden lang dampfen wir hindurch und erreichen
gegen Mittag Mjnata. Um 1¹⁄₂ Uhr passiren wir die Ngantschuspitze,
wo unser Vorgänger, Abbé Guyot, einen frühen Tod fand. Sein Canot
wurde in dieser starken Strömung vom Sturme ereilt und schlug um;
drei Neger entkamen, Mr. Guyot ertrank mit Mr. Janssen, dem Chef
der Mjuatastation [2]).
Um 3 Uhr erreichen wir Kwamouth und finden P. Superior in
guter Gesundheit (Gründonnerstag). Der „Stanley" geht am 24. in den
Kassai, und wir drei Missionare sind seit 10 Monaten zum ersten Male
allein, in Familie; wir können so Ostern feiern, wie wir es wünschen.
Ostermontag kam der „Peace" mit dem Veteran der Congo=Flottille, dem
„En Avant", im Schlepptau den Kassai herab. Drei deutsche Herren
befanden sich an Bord [3]), Baron Nimptsch, Capitain und Mechaniker vom

---

[1]) Die Ufer sind wenig bewohnt; im Ganzen sah ich in zwei Tagen bloß drei Dörfer.
Mit Mjuata, etwa 3 Stunden unterhalb Kwamouth, fängt eine etwas dichtere Bevölkerung
an; man nähert sich den Bayanzis, den Elfenbeinhändlern, die auf dem Fluß leben und
deshalb sich wenig darum kümmern, ob die Ufer bergig sind oder flach. Die Bateke be=
bauen das Land und zogen sich darum vom Thale auf die flachen Hochebenen zurück
(Brief des P. Schynse vom 16. December 1886).

[2]) Stanley hatte den Lieutenant Janssen an den Wabuma (Mfini) geschickt, um dort
eine Station zu gründen. Abbé Guyot, einer der algerischen Missionare, welcher schon zwei
Mal Missionsreisen von Sansibar zu den großen Seen gemacht hatte und nun das Unter=
nehmen von Westen her zu fördern gedachte, wollte 1883 am Mfini einen Missionsposten
errichten. Da das Werk durch seinen frühzeitigen Tod nicht zu Stande kam, sandte die
algerische Missions=Gesellschaft eine neue Expedition, deren Arbeiten und Schicksale das Tage=
buch erzählt.

[3]) Der Führer der Expedition war Dr. Wolf, der im Dienste des Congo=Staates vom
8. Januar bis 4. April 1886 mit dem Dampfer „En Avant" aus dem Kassai in den
Sankurru einfuhr, diesen bis zum 6° südl. Br. erforschte, dann in den Lomami, einen
Nebenfluß des Sankurru, einbog. Der Lomami (Lukenja) führte den Forscher bis zum
25° 5' östl. L., wo er wegen eines Unfalles der Dampfmaschine umkehren mußte. Durch
diese Fahrt ist eine directe Wasserstraße von der Mündung des Kassai in den Congo bis
in die Nähe von Nyangwe gefunden: ein wesentlich kürzerer Weg als der gewaltige Bogen
des Congo, an welchem außerdem die Landreise zur Umgehung der Stanley=Fälle länger
dauert als der Ueberlandweg vom Lomami nach Nyangwe.

„En Avant“. Letztere erzählten von ihrer Reise. Sie waren in den Sankurru gegangen und dann in den Lomami, welcher sie bis auf 8 Tagemärsche von Nyangwe führte. Sie verließen uns Mittwoch. So können wir also daran denken, uns auf unserm Terrain, nördlich vom Kassai, niederzulassen. P. Merlon ist krank.

30. April. P. Superior und ich bemannen ein Canot und gehen über den Kassai zum Nsumu Mukuendscho, dem angeblichen Eigenthümer des Landes. Er verlangt bloß 300 Stück Taschentücher, um ein Mal nach dem von uns gewählten Terrain zu sehen; wir raffen alles zusammen und gehen ohne ihn. Wir gehen eine viertel Stunde den Congo aufwärts, vorbei am Bayanzidorf Bungana, und erreichen eine Palmengruppe, wo wir landen. Das Land ist von 2—4 Meter hohem Grase bedeckt; zahlreiches, zum Theil dorniges Buschwerk macht das Vordringen schwer. Wir gelangen auf ein Plateau dicht am Fluß, stecken das Gras an 100 Stellen in Brand, überlassen dem Feuer die Sorge, uns den Platz zu reinigen und fahren nach Kwamouth zurück.

V. Die Mission von Bungana.

1. Mai. Maimonat, Wonnemond! Die seligste Jungfrau beschütze unsere Arbeiten, es handelt sich ja auch um ihre Ehre. Der A. J. A. kommt vorbei.

3. Mai. Wir gehen auf's neue nach Bungana mit Arbeitsgeräthen, Zelten, Brettern ꝛc., um uns dauernd niederzulassen. Nach dreistündiger Arbeit haben wir genügend Platz, um unsere zwei Zelte aufzuschlagen. Das Feuer hat nur stellenweise gearbeitet.

4. Mai. Wir beginnen ernstlich die Arbeit; ein schlanker Baum wird seiner Aeste beraubt, ein Stück Holz quer festgebunden: „ave crux sancta, spes nostra unica“. Wir werden leidlich Kreuz haben, bis wir das Unkraut hier aus dem Boden und das tiefer wurzelnde aus den Herzen ausgerodet haben. Vorwärts mit Gott! Jedermann legt Hand an's Werk. Einzelne kommen sehen, was wir treiben, ·Einer nimmt sogar eine Art und schlägt eine Menge Gestrüpp nieder. Das ausgerissene hohe Gras, die umgeworfenen Bäume vertrocknen zusammen; nach einigen Tagen fraß das Feuer das Ganze, nur Küchenholz übrig lassend.

Am 10. haben wir einen Platz, 25 Schritt lang und 15 breit, frei. Ich gehe in den eine halbe Stunde entfernten Hochwald. Der erste Versuch mißlang, ich gerieth in ein Akaziendickicht und mußte, zerstochen und zerrissen, den Rückzug antreten. Am 11. wiederholte ich den Ver-

such und kam zum Walde, naß von Thau bis auf die Knochen, überall
mußten wir 2—3 Meter hohes Gras durchwaten. Zum Glück hatte
eine Elephantenheerde uns vorgearbeitet und wir konnten ihren Pfad

Das erste Kreuz der Mission.

mehrere hundert Schritte im unwegsamsten Dickicht benutzen. Im Walde
zündete ich ein großes Feuer an, um mich zu trocknen, dann machten
wir uns zu Vier an's Holzschlagen, wobei ich so viel niederwarf wie meine
drei Neger. Dies dauerte bis zum 15. Mai, wo der A. F. A. nach

Kwamouth kam mit P. Augouard[1]) und Baron Reichlin[2]). Der Staat hatte diese Station den Spiritanis abgetreten. P. Superior verbrachte den ganzen Tag in Kwamouth, ich war allein mit einem Knaben. Aus Langeweile construirte ich eine kleine Hütte nach Art der Eingeborenen vor dem Kreuze. Am 18. Mai kommen P. Dupont mit Baron Reichlin und P. Augouard. Nach ihrem Weggang senken wir unsern ersten Pfosten in die Erde.

Die Regenzeit scheint vorbei. Bis zum 16. fast täglich Regen, seither keiner mehr. Eingeborene kommen uns täglich besuchen. Der Njumu von Bungana, Kibiki von Lusala, ein muthiger Krieger, ist in Krieg verwickelt mit Isangu von oben, der ihn nicht passiren läßt zum Elfenbeinlande (Bangala). Am 3. Mai fand ein Kampf zwischen beiden statt in einer großen Bucht uns gegenüber. Beide Parteien verhandelten den ganzen Vormittag, dann ordneten sie ihre Canots in zwei Linien und begannen ein mächtiges Gewehrfeuer. Während drei Stunden waren die beiden Linien in dichte Rauchwolken gehüllt, aus denen Blitze der Schüsse hervorbrachen. Resultat: einige Leichtverwundete. Ein Mann von Isangu fiel in's Wasser, ein Canot von Bungana nahm ihn auf, führte ihn im Triumph nach dem Dorfe, wo man ihm bei Trommelklang und Tanz den Kopf abschnitt. Die gesammte Bevölkerung schmierte sich dann das Blut des Opfers in's Gesicht.

16. Mai bis 10. Juli. Wir arbeiten an unserm Hause, reinigen die Umgegend, hauen einen Weg von 10 Meter zur Palmgruppe. Die Zimmerarbeiten sind am 4. Juni beendet. Tagtäglich fehlt uns Holz;

---

[1]) P. Augouard aus der Congregation der Väter vom h. Geist besuchte nach seiner Rückkehr aus Europa, Ende 1884, die Stationen seiner Genossenschaft: Loango auf französischem, die Hauptmission Landana auf portugiesischem Gebiete. Von dort führte er seine Expedition auf dem Landwege nach Banana, dann auf einem französischen Schiffe über die Missionsstation Boma nach Nokki. Von Vivi aus umging er die Livingstone-Fälle und erreichte Ende Januar 1885 die äußerste Missionsstation seines Ordens, St. Joseph zu Linzolo bei Brazzaville. Von hier aus machte er vom 10. Juni bis zum 12. August 1885 auf dem Dampfer „En Avant" in Begleitung mehrerer Beamten des Congo-Staates eine Fahrt stromaufwärts bis zur Mündung des Ruki unter dem Aequator, um geeignete Gebiete zur Anlage von Missionsstationen auszusuchen. Vom obern Congo zur Küste zurückgekehrt, finden wir ihn im Mai 1886 wieder in Kwamouth, um diese Station des Congo-Staates zu einer Missionsstation umzubilden.

[2]) Baron von Reichlin-Meldegg, welcher als Agent des Congo-Staates 1887 seine Dienstzeit in Africa beendet hatte, starb, kaum 23 Jahre alt, auf der Ueberfahrt nach Europa am perniciösen Fieber vier Tage vor Ankunft des Dampfers in Antwerpen. Nach einer Zusammenstellung von A. Wauters sind von 427 Beamten des Congo-Staates bis December 1887 nicht weniger als 64 gestorben, während 86 andere mit Rücksicht auf ihren Gesundheitszustand vor Ablauf ihres dreijährigen Contractes nach Europa zurückgesandt werden mußten.

wöchentlich 2 bis 3 Tage bringe ich im Walde zu. Wir haben nur mehr zwei Leute und zwei Knaben. Die Eingeborenen machen uns das Dach. Das Haus hat 23 Meter Länge und 7½ Meter Breite. Eine Veranda von 1¼ Meter führt rings herum, gegen den Fluß eine Veranda von der ganzen Breite (7½ Meter) und 3¾ Meter Tiefe.

Eine arme Frau flüchtet, geht in der Nacht bei uns vorbei, wir sehen den Schatten und rufen an — Stille, worauf wir eine Kugel pfeifen lassen. „Es ist der Geist eines früher hier Wohnenden," sagt Lutete. Am 10. Juli ist das Dach vollendet. Wir beginnen die Wände, alles aus Holz und Stroh, welches mittels gespaltener Palmblattrippen an das Zimmerwerk festgeschnürt wird. Das Haus enthält Kapelle, Magazine, vier Wohnräume und Refectorium. Der Innenraum hat 18 · 5 Meter.

Am 10. Juli kommt P. Merlon zu uns, und wir sind wieder zu Drei. Er ist immer krank; bisher war er während unserer Arbeiten in Kwamouth.

Am 23. sind vollendet: Kapelle, Magazine, zwei Wohnräume und Refectorium. P. Dupont geht nach dem Pool; wir schlafen seit 13 Monaten zum ersten Mal unter eigenem Dach.

Am 1. August kommt P. Superior mit dem vom Staat von der Livingstone - Mission gemietheten oder gekauften Henry Reed: zwölf Loangos unter der Führung unseres Zao begleiten ihn. Dieselben kamen allein von Loango nach dem Pool, um uns zu suchen. So wäre denn die Arbeiternoth vorbei. Unser Haus wird rasch vollendet. Festgestampfter weißer Thon bildet das Parquet, und das Ganze nimmt sich wohnlich aus. Die Umgebung wird gesäubert, um Panthern und Wildkatzen das Annähern zu erschweren. Kam doch ein Panther in der Nacht uns eine Ziege zerreißen, zehn Schritte von unserer Thüre. Als wir ihn dann wohlbewaffnet im Dickicht bei einer festgebundenen Ziege erwarteten, strich er wohl umher, nahte sich aber nicht.

Wir bauen rüstig weiter. Ein Haus für unsere Leute, Kirche, Hühner= und Ziegenstall, und roden das Land an, um es zu cultiviren. Am 20. August kam P. Superior mit einem im Kassai geschossenen Flußpferd nach Hause.

Am 12. September folgte ich den Bitten der hungerigen Bayanzi und schiffte mich nach dem Kassai ein. Allmälig gesellten sich andere Canots zu mir, und bald befehligte ich 5 Canots mit 30 Mann, die alle essen wollten. Wir gingen am ersten Tage zu Gamelima, einem Schmiedemeister. Ich sah ihn gerade bei der Arbeit. Er selbst hämmerte Haarnadeln aus Messingstäben, seine Gesellen waren mit Verfertigen von Hacken beschäftigt. Der Blasebalg bestand aus vier durch=

bohrten und mit einem Fell bedeckten Töpfen, die zusammen in eine Röhre mündeten, welche den Luftzug in's Feuer leitete. Zwei Knaben, einer zu jeder Seite, hoben und preßten abwechselnd die Bedeckung der Töpfe und arbeiteten mit solcher Geschwindigkeit, daß das Ganze nichts zu wünschen übrig ließ. Als Amboß diente für gröbere Arbeiten ein großer glatter Stein, für feinere ein vielleicht drei Kilo schwerer aus Schmiedeeisen. Es ist ein Amboß en miniature mit einer langen Spitze, vermittels deren er in einen Holzklotz befestigt wird. Der Hammer hatte die Form einer Mörserkeule und wurde wie eine solche gehandhabt, das eine Ende war breit abgeplattet, das andere geschärft; ein europäischer Schmiedehammer, nur lang und mit der Handhabe in Mitten des Eisens.

Ich schlief bei Gamelima, er räumte mir seine Hütte ein und ich fand dort ein sauber aus Matten in Muldenform hergerichtetes Bett. Der Nsumu schlief draußen unter freiem Himmel.

Am folgenden Morgen ging ich stromauf. Die vielen Sandbänke waren mit Gänsen und Enten bedeckt. Ich schoß drei mit einem Schusse. Einzelne Flußpferdheerden belebten den Strom, doch schoß ich nur ein einziges in der Strömung, das fortgetragen wurde. Als gegen 2 Uhr unser Canot hinter einer Sandbank hervorkam, wurde es von einem dieser Ungeheuer angegriffen. Ich schoß es in den Kopf, und es wälzte sich sterbend im Wasser. Meine braven Bayanzi wollten natürlich nun bleiben, darum schoß ich ein zweites, welches auf der Sandbank strandete und das wir annahmen, worauf das erste verloren gegeben wurde.

Wir gingen noch eine Stunde weiter, und da ich in einem Dorfe schlechte Aufnahme fand, schlief ich auf dem Ufersande, von Muskitos viel geplagt. In der Nacht schoß ich bei Mondlicht auf ein herankommendes Flußpferd, das die Eingeborenen am Morgen zwischen den Uferfelsen todt fanden. Ich ging Morgens früh weiter zu Berg und erreichte gegen 10 Uhr den Bu-Mengue, einen durch weite Sandbänke vom Kassai getrennten Arm. In einem Wasserloche sah ich etwa 20 Flußpferde, und in einer halben Stunde waren acht davon todt. Ein furchtbarer Platzregen durchnäßte uns gründlich am Abend. Die Bevölkerung umher kam, um mich zu begrüßen und um Fleisch zu betteln. Es war genug für Alle. Am Morgen hatte man zwei Flußpferde gestohlen. Ein 4½ Meter langes Krokodil schien sich sehr um mich zu interessiren, es näherte sich langsam dem Ufer, wie ich dem Zerstückeln der Thiere zusah. Ich schoß es zwischen die Augen. Es ging noch an's Land und blieb todt liegen. Ich wollte Haut und Kopf mitnehmen, aber nach einer Stunde war es schon zerstückelt und zum Theil im Topfe; es war ein langschwänziges. Das Wasserloch steht mit dem Fluß in Verbindung, es ist ein Sack. Canots kamen in der Nacht und schleppten zwei Flußpferde weg. Ich nahm noch 5½ in meine Canots, was 1½ Tag dauerte, dann ging ich in einem halben Tage von Bu-Mengue nach Bungana; prachtvolles Wetter begünstigte die Fahrt. Meine Canots waren sehr schwer geladen. So war wieder Ueberfluß in der ganzen Umgegend, neue Verbindungen angeknüpft und das Freundschaftsband mit den Eingeborenen fester angezogen. Gebe Gott seinen Segen dazu!

Das Flußpferd wird sicher durch Kopfschuß getödtet. Eine Büchse, die 20 bis 25 Gramm Blei mit mindestens 5 Gramm Pulver schießt, tödtet sicher. Der beste Schuß ist in die Schläfe, zwischen Auge und Ohr. Beim Schuß auf die Stirne sprang mir eine Kugel ab. In kurzer Entfernung ist ein Schuß in's Auge leicht anzubringen, wie auch schräg von hinten in's Ohr. Spitz von hinten kann man wohl auf den Hinterkopf zielen, wenn man etwas erhöht steht; ich versuchte nie diesen Schuß. Ein altes Männchen griff mich zu Lande an, ich schoß es mitten in den Rachen. Es hatte schon eine Kugel in der Schläfe, doch schoß ich da nur mit Winchester, 4 Gramm Pulver, etwas zu schwach, sonst schieße ich 6½ Gramm mit deutscher Expreßbüchse (J. J. Rasch, Braunschweig). Das Ungeheuer durch Schüsse in den Körper tödten zu wollen, ist Munitionsverschwendung.

In Folge des großen Fleischvorraths kamen alsbald sämmtliche Nsumus der Umgegend, um Theil zu nehmen. Sogar unser alter Feind Mutwendscho kam mit zwei Ziegen. Er hielt sich fern von uns, zuweilen mit Krieg drohend, worauf ich ihm sagen ließ, wenn er Krieg wolle, brauche er es nur zu sagen, wir äßen ihn alsdann sofort mit seinem ganzen Dorfe. Nun versucht er es mit der Freundschaft und steht sich besser dabei. Mit Bungana leben wir in guter Freundschaft und das Dorf versieht uns reichlich mit Lebensmitteln. Man stahl uns einmal einen Knaben, es waren Leute von Mutwendscho; als sie hörten, es sei ein Knabe der Weißen, gaben sie ihn an Nkassa, das alte Nsumu-Weib von Bungana, und dieses sandte ihn uns mit Lösegeldforderung, was natürlich verweigert wurde, worauf man den Knaben wieder mitzunehmen drohte. Ich griff zur Büchse: „Wenn man mir den Knaben stiehlt, sagt dem Nsumu, ich käme, fräße ihn, seine Leute und sein ganzes Dorf;" ganz erstaunt über meine eigene Großprahlerei, fügte ich hinzu: „und dann habe ich noch Hunger." Meine Bayanzi liefen davon; am andern Morgen kam Nkassa, um sich zu entschuldigen, und dafür erhielt sie ein Geschenk.

Am 5. October kam Herr Hakonson (Schwede, Beamter des Congostaates), um unser Terrain im Auftrage des Staates aufzunehmen; das dauerte zwei Tage. Dann ging er mit seinen Bangalas stromab, und die Eingeborenen brachten uns keine Lebensmittel mehr; sie glaubten, er wolle sich dort einnisten, Zaubereien oder sonst etwas Schlimmes treiben. Ein Besuch im Dorfe genügte, um die alte Freundschaft herzustellen.

Mukwendsche, Balese-Häuptling, unter der Veranda der Patres.

19. October. Der „Peace" kommt vom Leopold-See[1] zurück; der See besteht, das ist nun constatirt. Bevölkerung spärlich, theilweise unfreundlich gegen die Europäer. P. Merlon, stets leidend, kehrt mit dem

[1] Dieser See war schon im Jahre 1882 von Stanley mit einem Dampfer umfahren worden. 1886 befuhr der englische Missionar G. Grenfell mit seinem Dampfer „Peace" den See zum zweiten Male und fand die Angaben Stanley's bestätigt.

„Peace" nach Leopoldville zurück, um von dort den Heimweg nach Algier anzutreten. Das Missionsleben ist nicht gerade für Jedermann; die Anstrengungen reiben Gesunde auf; wie soll ein krank Angekommener widerstehen? Wir sind so nur mehr zu Zwei, doch voll Muth und Gottvertrauen. Wir kennen und verstehen uns.

Die Mission Bungana am 1. October 1886.

24. October. P. Dupont geht zu Mu=Manyama (21. October) und kommt am folgenden Tage zurück mit zahlreichen Aufklärungen über Land und Leute. Danach wäre Manguan der präsumtive Erbe Mu=Manyama's, des Herrn des Landes zwischen Congo, Kassai und Mfini, dessen Be-

wohner zwar dem großen Bateke-Stamme angehören, sich aber Bayenye nennen. Südlich von Kassai sitzen die stammverwandten Bamsunu unter Gantele und Tsunun Abva von Murunbu, dessen Dorf verbrannt wurde, so daß der Name Bateke nur den Bewohnern auf dem rechten Congo-Ufer gehört. Diese stehen unter dem einen Makoko von Mbe, etwa ein Tagemarsch im Innern, uns gegenüber. Das Congo-Ufer wird von den Bayanzi behauptet, die dafür den Bayenye eine Abgabe zahlen. Bayanzi ist wohl Schimpfname; sie nennen sich Bubangi, so ihren Ur-sprung bezeichnend. Sie kamen des Handels wegen allmälig herunter und setzten sich an dem Ufer fest. Bungana ist ihr letzter fester Posten. Dann haben sie Lager überall, wo ihr Handel sie hinführt: im Kassai, am Pool ꝛc. Vor langen Jahren, erzählt man, wollten sie sich auch am Pool festsetzen, wurden aber von den vereinigten Batekestämmen unter Makoko geschlagen; daher datirt das Ansehen Makoko's. So blieb der Pool mit seinem Handel in den Händen der Bateke; die Bayanzi haben dort Lager, dürfen aber nur den Bateke das Elfenbein verkaufen; diese verkaufen es den Bukongo. Männer rudern mit den Weibern, alles prächtige Gestalten, muskulös, aber zum Feldbau faul. Sie leben vom Elfenbeinhandel und kaufen ihre Bedürfnisse.

25. October. Ibiki, Generalissimus, kommt P. Dupont begrüßen. Wir sagen ihm, das Elfenbein werde bald alle sein, er solle das Land bestellen. Er bricht in Klagen aus und zerrauft sich beinahe die Frisur. „Ich werde viel kaufen und es bei euch verbergen. Wenn dann alles weg ist, habe ich noch viel, was ich viel theurer verkaufen werde, wenn die Andern keines haben." Wie aber nachher? „Dann gehe ich zu den Babuma und fange Sklaven, die ich den Weißen verkaufe." Die Weißen kaufen keine und werden dich noch dafür bekriegen! Du mußt arbeiten; wer nicht arbeitet, wird verhungern! „Ich arbeiten wie ein Sklave? Ich, ein großer Häuptling!" und damit ging er, sich den Kopf zerschlagend, um einen Ausweg zu finden.

26. October. Unsere Prima [1] kommt um einen Mann bitten, sie langweile sich und habe Kopfweh. Wir lassen uns ihre Geschichte erzählen. Der Sohn eines Nsumu von Gante, dem nächsten Dorf stromauf, war gestorben. Der Zauberer bestimmte einige Weiber, darunter auch Kitima, als der Seelenfresserei verdächtig, und diese mußten Nkassa trinken. Kitima kam mit einer Krankheit davon, dann lief sie mit einer zweiten Verdächtigten weg, und Ende August gegen 8 Uhr Abends kam sie zu uns; die zweite war aus Furcht vor uns umgekehrt. Sie warf sich vor uns nieder und suchte sich unter unsern Burnus zu verkriechen.

---

[1] Die erste, welche sich unter den Schutz der Missionare stellt.

Wir sprachen ihr Muth zu und wiesen ihr die von mir am 16. Mai gebaute Hütte an. Darin lebt sie bis heute, leidet aber noch an den Folgen des Nkassa-Trinkens. Eines Tages gab ich ihr Chinin und sie sagte, es sei derselbe Geschmack wie die Nkassarinde. Dies ist eine dicke braune Borke eines großen, bei uns nur vereinzelt vorkommenden Baumes, wahrscheinlich eine Art Strychnus. Wir versprechen ihr, wenn sie sich gut führe und fleißig sei, so würden wir ihr einen Mann kaufen. Sie scheint faul zu sein, was sich auch durch ihre Verurtheilung erklärt; denn gute Weiber werden selten verdächtigt.

26. October. Der A. J. A. kam in aller Eile (10. October) von oben, hielt aber nicht an, wiewohl wir baten, er möge P. Merlon mitnehmen. Herr Coquilhat sagte, er selbst sei todtkrank. Nun kommt er wieder zurück und sein Führer erzählt uns den Hergang. Am 20. bis 24. August fanden heftige Kämpfe an den Falls statt. Herr Deane hatte eine Sklavin der Araber in Schutz genommen, die Araber griffen dann die Station an und nahmen sie nach verzweifelter Gegenwehr weg. Deane schätzt ihren Verlust auf 70 Mann, darunter ist der Bruder von Tipo-Tipo. Doch die Munition ging aus und so warf die Besatzung die kleine Bergkanone (Krupp) in den Fluß, ebenso alle Hinterlader und flüchtete in die Canots. Dubois fiel in's Wasser und ertrank, die Besatzung entfloh mit den Canots, Deane erreichte mit einigen Leuten das Festland (Fallsstation liegt auf einer Insel im siebenten Fall) und irrte einen Monat lang umher, von den Arabern gehetzt, ohne jegliche Mittel, bis schließlich Coquilhat [1]), von einigen Flüchtlingen benachrichtigt, mit dem A. J. A. kam und ihn aufnahm. Bei einer Recognoscirung wurde der A. J. A. von den Arabern beschossen und Coquilhat am Arme verwundet, worauf er eiligst nach Bangala zurückkehrte und dann nach Leopoldville herunterdampfte. Welches werden die Folgen dieser Katastrophe sein! Den Arabern steht nun der ganze Fluß offen.

Ich begann mit den Nivellirungsarbeiten für ein neues Haus und Holzhauen. Das Treiben wird bedenklich. P. Dupont wurde vom Sturm auf dem Congo überrascht und mußte einen großen Theil seines Holzes in's Wasser werfen, um nicht versenkt zu werden. Ein Unfall ist auf die Dauer unvermeidlich, wenn wir kein anderes Fahrzeug bekommen.

1. November. Allerheiligen. Ich schiffe mich ein, um Ngobila in Mpuata zu besuchen. Ich erreiche die berüchtigte Ngantchuspitze, wo P. Guyot ertrank. Ein Flußpferd warf sich mit schrecklichem Gebrüll auf meine Barke; schon glaubte ich, an derselben Stelle den Tod im

---

[1]) Capitain C. Coquilhat, der Gründer der Bangala-Station, gibt in seinem Werke „Sur le Haut Congo", Brüssel 1888, eine zusammenfassende Darstellung der Ereignisse, welche im August 1886 den Verlust der Station Stanley-Fälle herbeiführten.

Wasser zu finden, als ich sah, daß die Bestie um einige Meter gefehlt hatte. Rasch das Canot in die stärkste Strömung und die Büchse an die Schulter! Wieder tauchte etwa 10 Meter hinter mir der Kopf des brüllenden Ungeheuers auf. Ein Schuß, das Thier warf sich in die Höhe und überschlug sich rücklings. Ich ließ nach dem Ufer steuern, da in der Nähe von Ngantchu Orangen sein sollen, von denen ich einige Bäumchen haben wollte. Die wenigen Dorfbewohner beglückwünschten mich ob meines Schusses.

Man führte mich zur alten französischen Station. Alles war niedergebrannt und mit hohem Gras und Strauchwerk überwuchert; ringsumher der Boden viel von Elephanten zerstampft. Die Elephanten haben auch die Malala (Orangen) zerstört, sagte man mir; doch gäbe es weiter unten bei Mjuata viele.

Ich schiffe mich gegen Mittag wieder ein und durchkreuze die ganze Bucht von Ngantchu. Oberhalb der Mjuataspitze (ebenfalls unangenehm zu passiren) landen wir auf dem linken Ufer (Ngantchu liegt rechts) unter hohen Bäumen, deren Schlingpflanzen zum Wasserspiegel nieder= hängen und wo nur ein geübter Ortskenner die Landestelle finden kann. Wir fuhren auf einen dichten Busch los, theilten die Zweige und hatten einen hübschen Hafen, wo unser Canot unbemerkt liegen konnte. Die Ruder versteckten wir in einem hohlen Baume und traten den Landweg nach dem eine Stunde entfernten Mjuata an, da meine Ruderer nicht die Spitze passiren wollten. Wir fanden einen ganzen Hain von Fächer= palmen (Hyphaene), alle abgestorben, Hunderte kahler, kronenloser Stämme, 10 bis 15 Meter hoch in die Luft, dazwischen vermodern viele am Boden, während junger Nachwuchs eben aufgeht. Sonderbar, kein einziger grüner hoher Stamm, die jungen breiten ihre Fächer eben auf der Erde aus, der höchste hatte sicher nicht mehr als ein Meter Stammhöhe; alle datiren also aus einem Zeitraum von etwa drei Jahren, und die im Umkreis des= selben Baumes stehenden sind alle von gleicher Höhe. Pflanzt sich diese Palme vielleicht erst fort, wenn sie am Absterben ist, oder hindert der Schatten der alten den Wuchs der jungen? Diese Palme wächst, sich verdickend, zu einer bestimmten Höhe (die Hälfte oder zwei Drittel des Ganzen), dann verjüngt sie sich, und sobald sie die Dicke oben erreicht hat, die sie unten an der Erde besitzt, so stirbt sie ab. Bis Mjuata fanden wir noch viele, aber fast alle abgestorben.

Wir passiren einen muntern Bach und erreichen gegen 3 Uhr Mjuata. Das starkbewohnte Dorf ist an den Eingängen verpalissadirt, wie auch Murundu, und an den andern Stellen durch Sumpf und Dickicht gesichert. Ngobila zeigt sich sofort, ohne Toilette zu machen, in seiner gewöhnlichen Kleidung; es ist ein dicker, großer Mann von gemüthlichem

Aeußern, gut von Stanley beschrieben. Wir setzen uns auf ein als
Matte dienendes, sehr engmaschiges Netz aus Lianen (zum Fischfang ganz
kleiner Fische, die oft massenhaft in seichtem Wasser sich finden, so daß
man sie handvollweise herausgreifen kann). Ich erkläre ihm den Zweck
meines Besuches, Freundschaft zu schließen. Ngobila findet das sehr
schön und wünscht, ich solle bei ihm bleiben; er zeigt mir den Platz der
alten Station und auf dem jenseitigen (französischen) Ufer einen Orangen-
wald; doch hatten die Elephanten alle Früchte gefressen! Dann sage ich
ihm, daß ich seit dem Morgen noch nichts gegessen; er gibt mir Hühner und
eine Ziege und läßt mich eine Hütte aussuchen. Ich fand eine, reinlich,
mit hübschem Mattenbett, deren Besitzer sie mir sofort zur Verfügung
stellt. Dann bringt Ngobila einen großen Malasutrug, setzt sich auf ein
Pantherfell, und als ich mich einfach auf die Matte setzte, ließ er mir
auch ein Fell bringen, eine Löwenhaut mit kurzer Mähne, gelb, durch
angesetzte Pantherhäute vergrößert; so hatte sie drei Köpfe und drei
Schwänze; der Löwenkopf befand sich in der Mitte. Nach einem Trunke
wurde Ngobila munter, und als ich nach Negersitte meinen Becher meinen
hinter mir sitzenden Leuten reichte, damit diese den Rest tränken (dadurch
ehrt der Häuptling seine Leute; es geschieht aber nicht von den Weißen),
klatschten Alle Beifall. Ngobila sprang auf, preßte meine Hand auf
sein Herz und die seine auf das meinige, während er unter dem Zu-
jauchzen Aller erklärte, wir seien Brüder, unzertrennlich für's Leben,
alles, was er habe, gehöre mir. Seine Kinder, prächtige pausbackige
Geschöpfe von drei bis fünf Jahren, machten sich das sofort zu Nutzen,
fielen über mich her, krochen auf meine Kniee, zupften meinen Bart, die
Quaste meiner Schoschia (rothe arabische Mütze der Missionare, Fez)
und machten sich an's Bewundern. Ich faltete ihnen spielend die Hände,
ließ sie das Kreuz machen; wann werde ich es sie im Ernste machen
lassen können? Ngobila hielt unterdessen eine lange Rede, deren Schluß
war, daß ich zu ihm kommen müsse; ein Bruder müsse beim andern
sein. Ich vertröste ihn auf die Zukunft und suche mein Lager auf.
Der Tag im Canot in glühender Sonne hatte mich ermüdet. Ngobila
zechte mit seinen Leuten und einigen der meinigen lustig weiter, bis der
letzte Tropfen getrunken war. Der Malasu war übrigens gut, einer der
besten, die ich noch gekostet. Ngobila ist reich und ein Feinschmecker.

Am Morgen fand ich den Nsumu mit Vorbereitungen zum Auf-
bruch beschäftigt; er wolle seine Freunde besuchen, sagte er mir. Ich
bot seinen Leuten reiche Bezahlung, wenn sie mir junge Orangenpflanzen
vom jenseitigen Ufer holten; sie wollten nicht. Da zeigte Ngobila mir
am andern Ende des Dorfes einen Strauch, aus dem ich zwei schöne
Stämmchen holen konnte. Dann brachen wir nach den üblichen Grüßen

auf. Ngobila erhielt ein kleines Geschenk, er sah es nicht an und sagte: „Du gibst mir ein Geschenk; groß oder klein, das ist mir gleich, du gibst es mir, drum ist es gut. Dein Besuch allein ist schon für mich genügend."

Wir fanden unser Canot an richtiger Stelle und gingen stromauf am linken Ufer. Ich gab einige Schüsse auf einen Flußpferdtrupp ab, und nachdem ich den Tod eines der Thiere constatirt hatte, gingen wir weiter; ein vorbeifahrendes Canot von Msuata wurde mit der Botschaft betraut, die braven Leute von Msuata sollten vom Missionar einen Festtagsbraten haben. Nach einer Stunde holte mich Ngobila ein, er ging nach Murundu. Ich gab ihm Nachricht von dem Flußpferd. Er antwortete lachend, er habe schon ein Canot dort zurückgelassen, um das Auftauchen zu erwarten. Dann fuhr er vorbei. Sein mit 30 Ruderern bemanntes Canot war schnell aus dem Gesichtskreise verschwunden. Gegen 3 Uhr fand ich ihn wieder, am Ufer liegend am Feuer. „Was thust du?" „Ich schlafe hier; ich warte auf das Fleisch, das du geschossen und das meine Leute mir bringen werden." In Zukunft bin ich sicher, bei Ngobila gut aufgenommen zu werden. Um 6 Uhr komme ich zu Hause an. Der Zweck war vollständig erreicht, Msuata in unsern Kreis gezogen und der Nsumu für uns gewonnen, er mit seinem ganzen Dorfe.

4. November. Wir feiern St. Karl so gut wie möglich und beginnen unsere meteorologischen Beobachtungen. Bis jetzt hinderten uns unsere Arbeiten daran. Mu-Manyama erwidert den Besuch. Er kommt mit seinen Glockenschlägern, die einen höllischen Lärm vollführen. Diese Glocken sind übrigens merkwürdige Producte einheimischer Schmiedekunst, aus Schmiedeeisen gefertigt, zwei durch eine Handhabe verbunden und eine einzelne. Die Glockenschläger bearbeiteten diese Instrumente mit Stöcken von weichem Holz. So lange sie noch fern waren, hörte es sich nicht so unangenehm an, als sie aber unter die Veranda traten und dort die Instrumente verarbeiteten, wobei sie in bestimmtem Rhythmus sie im vollen Klange auf die Erde stießen und so den Ton plötzlich abbrachen, hätte ich sie am liebsten den Hügel hinunter geworfen; doch müssen wir des Herrn halber es ertragen.

Sobald Mu-Manyama unter die Veranda trat, verstummte der Lärm. Er ist eine hohe Gestalt, gegen 60 Jahre alt, mit feinen Zügen; um seine Augen hatte er sich weiß gefärbt, um seine reine Absicht zu bekunden. Wir laden ihn zum Sitzen ein, was ziemlich Umstände machte, bis er die nöthige Zahl Matten unter seinen Pantherfellen hatte. Wir verlangten, er solle alle Nsumus zusammenrufen, um bei uns zu verhandeln, aber er sagte, nur Djunnu Abva sei Nsumu, alle andern Nterre (Sklaven), und so wurde Djunnu Abva für den folgenden Tag eingeladen. Wir boten ihm eine Ziege zum Abendessen; als die Leute ihr lange nachliefen, ohne sie zu erreichen, tödtete ich sie zum Staunen Aller durch einen Schuß. In der Dunkelheit schossen wir einige Raketen aus unsern Gewehren, was große Furcht verursachte; der nachgegebenen

Wu-Manyama, Bayenye-Häuptling, mit seinen beiden Söhnen.

Erklärung folgte desto lauteres Freudengeschrei beim Platzen der Raketen und dem folgenden Leuchtkugelregen. Doch meinten sie, wenn der Weiße damit unter Leute schösse, würde er sie massenhaft tödten.

Am Morgen kam Djunnu Abva, und es wurde ein Friedens- und Freundschaftsbund geschlossen. Mu Manyama gilt als großer Raucher; seine hübsche Pfeife aus schöngeschnitztem schwarzen Thon mit 1½ Meter langem Kupferrohr stach mir in die Augen. Starkes Rauchen und starkes Trinken gilt für ehrenvoll, vorausgesetzt, daß der Kopf klar bleibt. Djunna Abva hat als Malafutrinker großen Ruf. Ich sah ihn einen ganzen Nachmittag trinken, und er war zum Schlusse noch völlig nüchtern. „Sieh, wie stark unser Njumu ist," sagten seine Leute. Wir photographirten Mu-Manyama mit seinen zwei Söhnen; der ältere davon ist ein Prachtmensch körperlich und mit vielen guten Eigenschaften, wohlgezogen, ernst, verständig und, glaube ich, treu. Die Bayenye achten ihn sehr, doch ist Manguan Thronerbe.

Mu-Manyama schied gegen 4 Uhr, zufrieden, bei uns eine Stelle zu haben, wo die Bayanzi ihm nicht das Flußufer nehmen können. Abva erzählte ihm in lebhafter Weise den Dorfbrand, wobei er nicht genug unser Verdienst hervorzuheben wußte. Wir hätten ihm das Leben gerettet u. s. w. Alles in der klassischen Batekesprache, von der wir nichts verstehen sollten; der gute Alte glaubte eben nicht, daß wir darin Fortschritte gemacht hatten. Doch so freute uns dies Lob desto mehr.

Abva ist ein braver Mann, hoch in den Siebenzig, aber noch stramm auftretend, aufrecht, mit feuerigen Augen, lebhaften Geberden und kräftiger Stimme, uns treu ergeben. Seine Söhne hatten P. Dupont in den Kassai und mich nach Mjuata geführt; seine Leute bringen uns Lebensmittel in Fülle. P. Dupont ist von ihm als Häuptling anerkannt; er hat ihm das Recht über Krieg und Frieden, Tod und Leben abgetreten und nennt sich seinen ältesten Sohn. Im Kampfe mit einem Panther wurde ihm die Brust zerfleischt; die eine Seite ist eine einzige Narbe; die Brustwarze ist mit dem größten Theil der Muskulatur verschwunden. Ein Flußpferd überraschte ihn und richtete ihm den Rücken schlimm zu, so daß er leblos nach Hause gebracht wurde. Doch er erholte sich, und die Wunden heilten jedes Mal wieder. Gebe Gott, daß wir ihm den Himmel öffnen können. Von allen Häuptlingen ist er uns am ergebensten.

Pandu, Sohn von Miutajja, ist uns anhänglich; er hofft, von uns Fleisch zu bekommen. Ibiti schließt sich uns an; ihm, dem Krieger, imponiren unsere Waffen und unsere Geschicklichkeit, sie zu führen; Abva liebt uns unserer selbst willen. Schade, daß er auf dem andern Kassaiufer ist. Doch ist ihm der Gedanke nicht fern, auszuwandern. Schon bei der Brandgeschichte erklärte er, er werde Rache üben und sich mit seinen Leuten dann in's Innere flüchten, wohin Bulamatari und Pelo nicht kommen könnten; P. Dupont hielt ihn ab. Nun sagt er, wenn die Bayanzi ihn bekriegten, käme er sich bei uns ansiedeln, da sei er sicher.

Ich zeichne Fische so gut und schlecht wie es geht.

8. November. Der „Peace" kommt von unten, um einige englische Missionare nach Lukolela zu bringen. Mr. Grenfell erzählt uns von der Krankheit des P. Merlon, und daß dieser am 4. November von Leopold= ville nach der Küste abreiste. Wir verproviantiren den Dampfer, so gut es geht. In Lukolela war schon früher eine Station der Baptisten=Mission, doch war sie aufgegeben worden. Nun wird der Platz wieder besetzt. Wenn wir nur wüßten, was die vielerlei Gerüchte über unsere Mission für einen Grund haben! Doch was liegt daran? Thue deine Schuldigkeit heute; was der Morgen bringt, kann mich heute nicht abhalten.

Ibiki kommt zum Besuche. Er ist von seinem Kriegszuge gegen Isangu zurück, doch gar nicht siegesfroh. Er erzählt viel von der Schlacht. Sie waren gelandet und griffen das Dorf Isangu's an, das sie verbrannten. Doch scheint der Erfolg zweifelhaft zu sein. Isangu scheint eine Anzahl Hinterlader (Snider= Gewehre) zu haben; das Pfeifen der Kugeln im= ponirte sehr unsern Nachbarn. Sie haben 15 getödtet und 4 Köpfe er= beutet. Bungana verlor nicht einen Mann; es hatte nur zwei Leicht= verwundete. Ibiki will ein Win= chester=Gewehr haben, und bietet hohe Summen, noch höhere, wenn wir mit

Pandu, Bayanzi-Häuptling.

ihm kämpfen wollten. „Fünf Weiber verbrenne ich zu Euern Ehren," sagte er zu P. Dupont. Dieser sagte: „Gut, beginne mit diesem" (seinem eigenen). Davon wollte aber weder er noch die Frau etwas wissen. Er bietet uns sein Messer, das Zeichen seiner Autorität. Ich glaube, er fürchtet einen Angriff Isangu's, dem er nicht gewachsen ist, und sucht so sich unter unsern Schutz zu stellen. Vielleicht können wir noch einmal hierin vermitteln, wie zwischen Tsunu Abva und Ganduna, einem Häuptling zwei Stun=

den von Mjuata. Tjunnu Abva ließ seinen Gefangenen auf unsere Weisung hin los. Schade, daß dieser gute Alte von Muntali, einem ehrgeizigen Dorfhäuptling bei Kwamouth, verfolgt wird. Schoß doch Muntali auf den Alten im eigenen Dorfe desselben! Er will die rothe Mütze und Katzenfelle, Zeichen der Oberherrschaft. Rothes Tuch und rothe, muschelbedeckte Mütze dürfen nur die Landesherren tragen; Mu Manyama, Tjunnu Abva, Gantele, Ngobila, deren Söhne und Brüder, sowie die Dorfhäuptlinge dürfen blaues Tuch tragen und auf Panther=fell sitzen. Das Löwenfell ist für die Landesherren, doch zu selten.

Wir hören jetzt öfters Löwengebrüll auf dem jenseitigen Ufer. Die Eingeborenen sagen, daß um diese Jahreszeit die Löwen aus dem Innern kommen und einen Monat am Fluß weilen. Wirklich hören wir sie seit Mitte October und die Leute wollen nicht mehr hinüber, um Holz und Lianen zu holen. Wenn der Monat vorbei ist, geht der Löwe weg, sagen sie, dann können wir in den Wald, heute fräße er uns. Auf unserer Seite spürten wir ihn nicht, wohl aber Panther, Hyänen und Wildkatzen; letztere thun uns viel Schaden an den Hühnern.

Wir setzen unsere Culturen fort. Unsere Bohnen sind schön und wir können bald davon essen. Unsere Avenue Lavigerie ist vollständig gepflanzt, eine Reihe Bananen, Palmen auf jeder Seite und gegen das Buschwerk zu eine Reihe Ananas; nur schade, daß die Ziegen uns so viel abfressen. Ich versuche durch Schüsse mit Vogeldunst ihnen das Bedenkliche ihrer Handlung klar zu machen, doch umsonst. Wir beginnen ein Maniokfeld und roden im Palmenhain ein schönes Stück an zum Garten für europäische Gemüse. Tomaten wachsen wunderschön, ebenso die einheimischen Gemüse: Kohl, Sauerampfer, Aubergine, Hahnenkamm, Kürbisse, deren Blätter wie Spinat schmecken u. s. w. Auch Gurken sind aufgegangen.

Oben haben wir unsern Plan definitiv festgestellt. In der Mitte des 120 Meter langen und 80 Meter breiten Hofes befindet sich eine Rotunde von 12 Meter Durchmesser, mit doppeltem Palmenkranze um=geben, in den Lücken Bananen und Zierpflanzen. Dort soll sich eine Statue der seligsten Jungfrau erheben. Dies bildet den Schneidepunkt zweier Alleen, die bereits mit Ananas, Palmen und Coeur de Boeuf=Pflänzlingen markirt sind. Da befinden sich auch die zwei Orangen=stämmchen von Mjuata, die zu wachsen scheinen. Junge Triebe davon steckten wir in die Erde als Stecklinge, und es scheint, sie wollen wachsen. So werden wir nach einigen Jahren eine Pflanzung haben. Unsere Pommes de canelle gingen nicht auf. Bis jetzt ist unser Hof größten=theils angepflanzt, um dadurch das Unkraut zu vertilgen. Wir haben dort Tausende von Bataten und Yamsstöcken, Bohnen, Kohl, Sauerampfer, so daß wir täglich zwei Mal Gemüse haben.

Ich glaube, damit thun wir einen bedeutenden Schritt in der Gesundheitspflege. Wenngleich der Missionar nicht an Gesundheit und Leben hängen darf, so sind dieselben doch ein Capital, mit dem er im Dienste Gottes und zum Heile der Seelen wirken soll, und so wenig er murren darf, wenn Gott sein Capital zurückfordert, so wenig darf er es leichtfertiger Weise aussetzen, vielmehr soll er alles thun, wodurch er dasselbe sichert, so weit es seine Pflichten zulassen. Ein großer Theil der Krankheiten kommt unserer Erfahrung nach von mangelhafter Lebensweise. Der Europäer ißt zu viel Fleisch, zu wenig frische grüne Gemüse. Es kostet ja einige Mühe, dieselben zu pflanzen, besonders wenn man europäische haben will, doch diese geringe Mühe wird reich belohnt. Zudem braucht man bloß die Augen zu öffnen, um einheimische zu finden, die den europäischen vielleicht in etwa nachstehen in Feinheit, aber für die Gesundheit sehr zuträglich sind. Ein wild wachsender Spargel hier übertrifft immerhin den aus Büchsen genommenen. Junge Kürbisschosse stehen keinem Spinat nach, und die Aubergine suchen ihres Gleichen. Yamswurzeln vertreten recht gut die Kartoffeln. Ich kann nicht begreifen, warum man in den Staatsstationen diese nicht pflanzt, warum man keinen Maniok nach Kartoffelart gedämpft ißt u. s. w.

12. November. Der Congo scheint nicht mehr zu steigen, doch hat er uns schon das für Brunnenkresse bereitete Feld überschwemmt. Man bringt uns heute einen etwa 80 Cm. langen und 20 Cm. dicken Fisch ohne Schuppen, von oben nach unten abgeplattet, mit langen Bartfäden, gelblich-grau. Unser Koch, der ihn nicht kannte, wollte ihn sofort in Stücke schneiden, erhielt aber einen so kräftigen elektrischen Schlag, daß er zu Boden fiel. Die Eingeborenen lachten dazu, sie kennen diese Eigenschaft des Fisches sehr gut. Mit einem trockenen Tuche, belehrten sie uns, müsse man ihn anfassen, und es gelang denn auch, ihn in Stücke zu schneiden. Aber selbst diese noch gaben fühlbare Schläge, wenn man die eiserne Pfanne mit der einen und die Fischhaut mit der andern Hand berührte, namentlich wenn man die Oberhaut mit der Gabel durchstach. Ich hatte wohl von diesem Fische gehört, es ist indessen das erste Mal, daß ich ihn sehe und fühle.

Jetzt ist die Zeit für den Fischfang; wir haben täglich im Ueberfluß, sehr billig. Die Neger legen Körbe in die Strömung am Ufer, zäunen die überschwemmten Wiesen ab und lassen nur einzelne Löcher, vor die sie große, glockenförmige, sehr gut gearbeitete Körbe legen, und ziehen große Massen oft sehr schöner Fische heraus. Tagtäglich bringt man uns den „Elephanten", einen bis zu ½ Meter langen, 20 Cm. hohen,

aber nur 4 Cm. dicken Fiſch mit rüſſelartig verlängerter Schnauze. Das
Maul ſitzt an der Spitze des Rüſſels und iſt mit einer Klappe verſchließ=
bar. Dieſer Fiſch lebt im Sumpfwaſſer; vermittels ſeines Rüſſels kann
er die Würmer u. ſ. w. tief aus dem Schlamme herausholen.

15. November. Mukwendſcho bringt uns einen prachtvollen Fiſch,
Mingo oder Mbia, mit ſchrecklichem Gebiß ; ſeine ineinander greifenden
Zähne ragen faſt zwei Cm. aus der Kinnlade und ſind von keiner Lippe
bedeckt. Dieſer Fiſch lebt im tiefen Waſſer und iſt von allen Fiſchen als
der ſeltenſte und feinſte geſchätzt. Mukwendſcho bringt ihn uns zum
Geſchenke, als das Beſte, deſſen Niemand ſonſt würdig ſei. Er iſt 90 Cm.
lang und wiegt 8 Kilo, doch ſoll er viel größer werden.

Mukwendſcho ſcheint nun einer unſerer beſten Freunde zu ſein. Wir
photographiren ihn, und er macht gar keine Umſtände, ſich in möglichſt
guter Stellung auf ſeinen Pantherfellen zu präſentiren. Wir haben ſo
eben ſeinen Herzenswunſch erfüllt: An ſeinem Schellengürtel fehlten noch
zwei Stück, die wir ihm ſchenkten. Nachdem er geſehen, daß Bange=
machen bei uns nicht gilt, wurde er gut Freund, um wenigſtens etwas
von uns zu erhalten.

Wir ſetzen unſere Pflanzungen ruhig fort. Unſere Allee iſt fertig
angepflanzt. Den Bau des begonnenen Hauſes habe ich ſiſtirt bis auf
weitere Nachrichten. Dafür habe ich aber ein anderes kleines Häuschen
gebaut, anfänglich in ſehr guter Lage auf einem faſt ſenkrecht in den
Congo abfallenden Vorſprung. Aber bei einer Fahrt auf dem Fluſſe
bemerkte ich, daß es am erſten die Aufmerkſamkeit auf ſich zog, und da
ich trotz ſeines unbeſtreitbaren Nutzens nicht zugeben konnte, daß dieſes
Häuschen den anziehendſten Theil unſerer Niederlaſſung bilde, ſo brach
ich es raſch wieder ab und transportirte es auf die andere Seite hinter
ein discretes Gebüſch. (Das Veilchen duftet im Verborgenen.) In der
trockenen Jahreszeit hatte man es nicht nöthig, jetzt aber, wo die hohen
Gräſer naß ſind, zeigte ſich ein wirkliches Bedürfniß dieſer Einrichtung.
Hiermit wäre denn unſere Einrichtung vollendet.

24. November. Der Congo hat zu ſteigen aufgehört, ſeit drei Tagen
iſt er gleichmäßig hoch, nachdem er ſchon in den letzten Tagen kaum
2 Cm. den Tag geſtiegen war. Ich fahre zu einem nun weit im Strome
ſtehenden Baume und bezeichne durch einen Einſchnitt die erreichte Waſſer-
höhe; das wird unſer Pegel werden. Ich laſſe mich von zwei Kindern
nach dem Dorfe rudern; ein Mädchen von zehn und ein Knabe von
zwölf Jahren bieten mir Paſſage in dem winzigen Canot an, in welchem
ſie gekommen ſind. Ich nehme das Ruder des Mädchens, und mein
kleiner Steuermann dreht kaltblütig die Nußſchale in die Strömung, die
uns ſchnell ſtromab trägt bis nach Bungana. Eine Anzahl Weiber ſieht

uns kommen und schreit vor Staunen; das halbe Dorf läuft zusammen, um den Weißen zu sehen, der rudert, während das Mädchen in der Mitte hockt und seinen Kameraden am Ufer zulacht. „Wie ein Bayanzi," sagte mir ein baumlanger Kerl; in Wirklichkeit hatte ich diesen Burschen den Ruderstoß abgesehen, als ich im Kassai mit ihnen jagte, und dann bei meinen Ausflügen mich darin geübt. Wir haben die Gewohnheit, stets selbst ein Ruder zu führen. Die Sonnenstrahlen sind weit erträg= licher, wenn man etwas in Bewegung, als wenn man in Ruhe ist.

Ich treffe eine Vereinbarung mit dem Vater des Knaben; der Junge scheint sehr aufgeweckt zu sein, er soll uns Sprachunterricht geben und wird für die Lection eine Angel bekommen. Es hält hier so schwer, eine reine Sprache zu erlernen, Bateke, Bayanzi, Babuma und unsere Baloango verderben uns den Dialekt. Die Kinder kennen im Allgemeinen nur ihre Muttersprache; darum soll der Knabe uns die Worte sagen.

25. November. Unser kleiner Professor kommt. Der Schelm kennt schon das Kiteke und viel vom Kibuma und Kikongo; eigenthümlich, wie leicht diese Leute Sprachen lernen. Es sind ja freilich alles Bantu= sprachen mit derselben Grammatik, aber die Vocabular=Unterschiede sind groß. Bald kommen auch andere Leute, um zu sehen, und helfen uns ebenfalls beim Zusammensuchen. Wir haben schon einen kleinen Wort= schatz, genügend für's gewöhnliche Leben, doch um unsere Religion zu lehren, müssen wir die Sprache beherrschen, und dies zu erreichen ist hier schwer ohne jegliche Hülfsmittel. Doch mit Gottes Gnade wird es auch vorwärts gehen. Die Abstracta bleiben zurück, es hält so schwer, zu er= klären, Verba erhält man nur zufälligerweise, ebenso wie die Conjugationen und die Wortbildung.

28. November. Unser Professor kommt der Verabredung gemäß am Sonntag. Unsere Neger kennen schon den Sonntag an unserer Kleidung. Tragen wir volle Kleidung: Ganduna 2c., dann weiß das Volk, wir arbeiten nicht; in der Woche sind wir gewöhnlich hemdsärmlich, der Be= quemlichkeit halber bei den Arbeiten in Wald und Feld. Die Leute finden es viel begreiflicher, sechs Tage zu ruhen und einen zu arbeiten, als umgekehrt. Sicher, die Sonntagsheiligung wird uns keine Schwierig= keiten machen, wohl aber die Wochenarbeit. Ohne Arbeit verhungert ihr, sagen wir so oft, daß eine ganze Anzahl es schon auswendig weiß. Am Sonntag kaufen und verkaufen wir nicht. Da kommt doch einer; wir stellen die Bedingung, er müsse uns 50 Wörter sagen, die wir nicht kennen. Er nennt die Körpertheile, hat aber kein Glück, alles bekannt. Dann die Einzelheiten des Hauses, er findet nur wenig. Er muß den Busch durchstöbern, lehrt uns einige Pflanzennamen und Verba, indem er uns sagt, was gerade der Eine oder Andere thut. Unser Hund schlief;

abva aleka, der Hund schläft; lachen, laufen u. s. w. Dann begann eine drollige Vorstellung: zwei balgten sich; bakubana, sie schlagen sich, und so suchte Jeder eine Handlung hervor, deren Namen der kaufgierige Neger uns mittheilte. Nach einer Stunde hatte ich die 50 Wörter notirt und der Mann sein Zeug erhalten. Aber Kopfschütteln gab es doch über die sonderbaren Weißen, die durchaus wissen wollen, wie die Bayanzi sprechen und es doch nicht nöthig haben, da sie ja ohnehin schon alles verstehen. Ich glaube, man hält uns für verrückt, nach europäischen Begriffen: denn hier kommt so etwas nicht vor.

Wir benutzen diese Gelegenheit, um Einiges über die religiösen Ideen herauszulocken und einige Worte zu sagen. Doch hält es schwer, etwas Sicheres über ihre Anschauungen zu finden, der Sprachmangel hemmt uns beständig. Sie glauben an einen höchsten Gott, ndsakumba. dessen Name sehr selten ausgesprochen wird. Er hat die Welt erschaffen, scheint sich aber nur mehr sehr wenig um Einzelheiten zu kümmern. Dies thun desto mehr die virimu. böse bezw. gute Geister, je nachdem sie gestimmt sind. Die Zauberer haben Macht über dieselben und stimmen sie günstig oder feindlich. Zauberei ist verhaßt. Stirbt ein Mann, so hat irgend einer seine Seele gegessen, d. h. durch Zauberei seinen Tod verschuldet und muß sterben. Die Zauberer sind darum zuerst gefürchtet; denn der Hauptzauberer entdeckt diese Seelenfresser, wobei er natürlich mit Vor= liebe seine Feinde zu vernichten sucht. Die vom Zauberer Verdächtigten müssen sich durch Nkassatrinken reinigen. Hierbei kann noch der den Trank bereitende Zauberer den Betreffenden retten oder tödten. Nach dem Tode verjagt der Zauberer die Seele des Gestorbenen aus dem Dorfe. Diese Seele ist etwas Böses; wer sie sieht, muß sterben. Darum findet man auch Niemanden, der den Ndoki gesehen, mit Ausnahme des Zauberers, der gegen den bösen Einfluß sich schützen kann. Die von uns aufge= nommene Frau erzählte, der den Nkassa Trinkende sehe, sei er schuldig, den Ndoki des von ihm Getödteten und sterbe in Folge dessen, dem Un= schuldigen erscheine er nicht. Diese Seelen leben im Busch und führen ein trauriges Dasein, da sie dort wenig zu essen finden, wenn sie nicht Nfumus waren. Denn beim Tode solcher wird eine Anzahl Sklaven getödtet, welche den Nfumu begleiten und für ihn Nahrung suchen müssen u. s. w. Außerdem wird auf dem Grabe des Nfumu viel nieder= gelegt, wovon er leben kann. Die übrigen Seelen brechen von Hunger getrieben in die Dörfer ein. Der Zauberer erkennt, wenn einzelne dem Nkuyu, dem Seelenwächter, entschlüpft sind. Er warnt dann die Dorf= bewohner, welche sich in die dunkelste Ecke verkriechen, um nicht den Ndoki zu sehen, während er selbst diesen vertreibt, wobei dann der wahre Ndoki, böse Geist, mit seinen Helfern im unbewachten Dorfe nach Gutdünken stiehlt, um dies nach Bergung der Beute am Morgen den Seelen in die Schuhe zu schieben. Einst frug ich einen Jungen: „Wenn du todt bist, was thust du dann?" „Dann gehe ich in die Savanne und weine." „Warum?" „Ich habe Hunger." „Du kannst ja auch zu uns kommen und stehlen, wie die andern Ndokis!" „Nein, Ihr fürchtet Euch nicht; wenn ich als Ndoki komme, so nehmt Ihr ein Gewehr und schießt mich todt." Also konnte er selbst dann noch ein Mal sterben.

Nkunu scheint auch Herz zu sein, ebenso Seele, nicht im bösen Sinne wie Ndoki, sondern als belebendes Moment, während „Er hat oder ist Ndoki" so viel heißen will als: „Er ist besessen." So lange er lebt, hat er Nkunu, nach dem Tode ist seine Seele Ndoki. Vielleicht also ist Ndoki böser Geist. Seine Seele (Nkunu) geht in den Busch und ist als-dann bös, Ndoki. Die Ziegen sind Ndoki, sagte man uns, als die Ziegen uns unsere Pflanzungen abfraßen. Ein Bursche, in gefährlicher Stellung auf dem Dache, antwortete auf unsere Warnung, er falle sich todt: „iambo ti. was liegt daran, dann gehe ich nach mputu (Europa) und werde Weißer (mundele)". Doch hält es schwer, etwas Sicheres über diese Anschauungen aufzutreiben. Als ich nach Mjuata ging, frug mich ein Basuna, Sohn Aboa's, mein Führer, ob ich schon nkissi gemacht hätte für die Fahrt. Er wußte, daß wir des Morgens uns einschließen zur Feier der h. Messe, und verstand dies unter nkissi machen (Zauber= werk zum Gelingen eines Unternehmens, Schutz gegen Gefahr 2c.). Auf meine Frage, warum er denn keines gemacht hätte, sagte er: „Deines ist stärker, darum brauche ich keines, wenn ich mit dir gehe." Ein anderer Bursche kam mit einer Masse Amulette, die ihn schußfest machen sollten. Auf meinen Vorschlag, ich wolle es ein Mal mit einer Büchsenkugel an ihm versuchen, lief er zitternd weg, um sich zu verbergen, und gestand dann, daß sein nkissi sehr gut sei gegen Bayanzi=Schüsse, aber gegen den mundele doch nicht schütze, der sei stärker als alle andern nkissi.

Keine Nachrichten von Europa, nur Zeitungsnachrichten, die sich gerade widersprechen. Hätten wir nur ein Fahrzeug, dann wären wir frei, so sind wir gebunden. Ob unser Boot an der Küste sein wird? Dann neu beschlagen lassen! P. Merlon muß uns bald Nachricht geben.

Wir berathschlagen über eine Reise zu den Babuma. Dorther kommen Canots, Malasu, Töpferwaaren, Eisenwaaren, Sklaven, Hühner, Ziegen, alles. Will man etwas von den Bayanzi, so heißt es: „Warte, ich hole es dir bei den Babuma." Das scheint das Paradies zu sein.

Wir pflanzen ruhig weiter und vervollständigen unser Mobilar, verfertigen Mantelträger aus Flußpferdzähnen, Stühle, Tische u. s. w. Das bereits sehr aufgeschossene Gras hindert uns in der Jagd; wir sehen kaum zehn Schritte weit mehr und verlieren viel. Das ist natür=

liche Schonzeit. Da sind mehrere schöne Antilopen keine 300 Meter von unserm Hause. Ich höre sie, so oft ich ausgehe, durch's hohe Gras flüchten, oft kaum zehn Schritte von mir, aber nur ein Mal sah ich eine auf einen Augenblick sehr nahe, aber sie verschwand, ehe ich das Gewehr gespannt hatte. Darum mache ich eine kleine Stelle frei und hänge einen Salzsack an einem Baume auf, vielleicht zieht das sie an die Stelle. Hätten wir Salz genug, ich würde eine Lecke machen, doch das ist ein theuerer Artikel. Ich reinige mir ebenfalls einen Strich bis zu schuß= gerechter Entfernung von meinem Salzsacke. Wir finden täglich Spuren von Antilopen. Die Büffel sind verschwunden, ihre Zeit ist die trockene, von Mai bis August, dann wimmelt es in der Nacht auf unserer Halb= insel. Ich verwundete Ende Mai einen beim Abendstande, doch er ent= kam; auf einen zweiten, der mir im Halbdunkel begegnete und 20 Schritte vor mir Halt machte, schoß ich nicht. Ich zielte wohl nach dem Kopfe, aber die Dunkelheit gestattete mir nicht, meine Kugel so sicher anzubringen, daß das Thier auf der Stelle blieb; so riskirte ich nicht, ungedeckt wie ich war, den gefährlichen Kopfschuß, sondern suchte Deckung, aber auch mein Büffel hatte sich von seinem Staunen erholt und war im Busche verschwunden. Büffeljagd ist die gefährlichste und die einzige, die bis heute am Congo Europäerleben kostete. Der Büffel greift, verwundet, den Schützen an, wenn er seiner ansichtig wird, namentlich bei Kopfschuß. Die Eingeborenen schleichen sich bis auf Gewehrlänge heran und schießen auf's Blatt. Das getroffene Thier flüchtet im ersten Schrecken, wenn es nicht sofort todt bleibt. Doch kommen auch bei den Eingeborenen Un= fälle vor. Der Eingeborene legt das Gewehr nicht an die Schulter, er schießt mit gestreckten Armen und gewöhnlich das Gewehr nach vorn werfend, um den Rückstoß abzuschwächen. Unter dem Laufe sieht man oft einen über faustgroßen Ballen von Lumpen mit Leder überzogen, der als Handhabe dient und zugleich den Zweck hat, die Hand beim Zer= springen des Laufes zu schützen. Dies kommt öfters vor. Sie laden sehr schlecht, große Massen Pulver (eine Hand voll!), freilich sehr schlechtes, darauf Steine oder Kupferstücke. Hinterlader kennen sie wohl schon, haben aber nur wenige. Der Staat hat verboten, ihnen solche zu verkaufen. Ibiki brachte mir Ende September ein Snider, das er in Leo= poldville von einem Staatsagenten gekauft hatte, wie er sagte, woran aber der Verschlußriegel fehlte, so daß die Ladung dem Schützen in's Gesicht gehen konnte. Für fünf Hühner machte ich ihm einen neuen Riegel, was ihn sehr freute. Freilich handelte er ein paar Stunden um ein Hühnchen, doch umsonst. „Feste Preise!" Es war übrigens nicht der erste, ich habe fast immer ein schadhaftes Gewehr im Hause zum Repariren. An große Thiere trauen sie sich nicht mit ihren Gewehren. Wohl erlegen sie noch den Büffel damit, aber den Elephanten und das Flußpferd greifen sie mit einer schweren Lanze an; es sind aber nur Einzelne, die dazu den Muth haben. Abva erlegte in seiner Jugend einen Elephanten, ein Flußpferd und mehrere Büffel mit der Lanze und wird überall deshalb als Held gerühmt.

6. December. Antonio ist spurlos verschwunden. Man hatte uns schon ein Mal den Bengel weggenommen; sollte man es wieder versucht haben? Er wurde zum Flusse geschickt, um sich die Füße zu waschen, und kam nicht wieder. Oder hat gar ein Krokodil ihn geholt? An unserm Hafen sehen wir oft ein ungeheueres Thier vorbei schwimmen. Bis jetzt habe ich zwei Arten gesehen. Das große, grün, mit kurzer Schnauze, Unterkiefer kürzer als Oberkiefer, die zwei vordern untern Zähne durchbohren den Oberkiefer, Fußzehen geschlossen. Die andere Art: Schnauze lang und schmal, Unterkiefer länger, Vorderzähne dogghundartig sichtbar, Zehen auseinandergespreizt, kleiner und schlanker wie das erstere. Eingeborene sagten mir, außerdem gebe es eine noch kleinere dritte Art. Sie zeigten ein todtes, welches stromab trieb, jedoch war es zu weit und die Strömung zu stark, als daß ich versucht hätte, es zu holen. Von den zwei erstgenannten Arten dagegen sah ich todte Exemplare zu meinen Füßen. Das kleinere schwarze hatte noch $4^{1}/_{2}$ Meter Länge, war aber weit schlanker wie das grüne von gleicher Länge. Das Letztere sah schon ziemlich gräulich aus.

Als wir Ende August frisches Fleisch brauchten, gingen P. Dupont und ich über den Congo und übernachteten auf dem Anstand. Drei Büffel kamen zugleich mit einem großen Elephanten. P. Dupont schoß, und dem vorbeilaufenden sandte ich noch eine Kugel nach dem Kopfe. Nun (Ende November) hören wir, daß der Elephant todt gefunden wurde. Er hatte mächtige Zähne, aber die Eingeborenen haben sein Elfenbein verkauft. Elephanten gibt es noch viele, und die Neger rufen uns, wir sollen die Thiere tödten, denn sie thun viel Schaden in den Culturen. Wohl wird Trommel geschlagen, geschossen, gelärmt, aber der Elephant frißt nichtsdestoweniger den Maniok. Mit einer etwas starkkalibrigen Büchse muß er sich von einem ruhigen Schützen leidlich erlegen lassen, besonders da man ziemlich nahe kommen kann. Elfenbein ist augenblicklich das einzige Product des Ober-Congo. Die Kautschuk-Liane kommt vielfach vor, aber der Kautschuk ist den Eingeborenen unbekannt. Dafür kennen sie Kaffee der Form nach. Als ich ihnen Kaffeebohnen zeigte, sagten sie, das wachse auch bei den Babumas (d. h. im obern Kassai). Als wir dann verlangten, sie sollten uns bringen, versprachen sie es wie gewöhnlich, brachten aber nichts. Colonisirbar ist ja das Land, wenn nur die Transportschwierigkeiten den Preis nicht so hoch stellen, daß die Bodenproducte nicht mehr auf dem Weltmarkte concurriren können; und dies fürchte ich sehr. Die paar hundert Tonnen Elfenbein sind bald weggeräumt; bis zum Aequator sind die Ufer schon leer, die Bayanzi müssen schon weit in's Innere gehen, um Elfenbein zu finden.

10. December. Antonio steckt irgendwo, heute Nacht kam er die Reste in der Küche essen. Wir bieten unsern Leuten fünf Milako, wenn sie uns ihn bringen. Der „Peace" geht den Kassai aufwärts, er will den Kwango erforschen. Mechow ging ihn herunter bis zum 5 ° südl. Br., zu den Stromschnellen [1]). Büttner sah ihn weiter unten und sagte, er mache einen ungeheuern Bogen und sei nur eine Tagereise vom Congo, seine Mündung dagegen ist fast 200 Kilometer vom Congo kassaiaufwärts [2]).

Wir säen Reis, den van Gèle uns von Bangala brachte: ein Liter auf ¹/₂ Ar.

15. December. Man bringt Antonio zurück. Der arme Bursche sieht recht mager aus, er lebte von Wurzeln und Kräutern im Busch und konnte nur wenig bei uns stehlen. Er fürchtet Strafe, doch für diesmal soll sie geschenkt sein. An Drohungen für's nächste Mal fehlt es freilich nicht. Unsere Prima behauptet, sie hätte ihm jeden Abend aufgelauert, aber ihn nicht erwischt.

25. December. Weihnachten! Ich weiß nicht, ob der Stall in Bethlehem schlechter war als unsere Kapelle, in welche das Christkindlein herniedersteigt, doch keinenfalls ist der Unterschied groß. Möge Gott auf unsern guten Willen sehen. Nach einem Jahre, so Er will, werden wir eine schönere Kapelle haben.

Prima ist doch eine richtige Elster. P. Dupont geht an ihrer Hütte vorbei und findet gestohlene Sachen. Bei näherer Untersuchung zeigte es sich, daß sie uns allmälig Waaren im Werthe von 150 Frcs. ge-

---

[1]) Der deutsche Major von Mechow erforschte 1880 den Kwango von Süden her bis zum 5° südlicher Breite und legte seine Forschungen in einem 26 Blätter umfassenden Kartenwerke nieder. Der italienische Lieutenant Massari fuhr am 16. November 1884 von Kwamouth den Kassai aufwärts, dann in den Kwango bis zum 4° südlicher Breite, worauf er nach Leopoldville zurückkehrte.

[2]) Büttner, der 1885 von San Salvador zum Kwango strebte (vgl. S. 38 Anm. 1) ging nicht, wie er anfangs beabsichtigt hatte, den Fluß abwärts, sondern wandte sich über Land zum Stanley-Pool. Nach der Kiepert'schen Construction der Büttner'schen Reise (Mitth. der afric. Gesellschaft 1886 V. Taf. 1) nähert sich der Kwango an dem äußersten von Büttner erreichten Punkte so sehr dem Congo, daß er einen scharfen Bogen nach Nordosten machen muß, um in den Kassai zu münden. Dieser Bogen erscheint sehr unwahrscheinlich, um so mehr, da Büttner nicht mit genügenden Instrumenten versehen war und selbst zugibt (Verhandlungen der Gesellschaft für Erdkunde, Berlin 1886 Nr. 6), daß er möglicher Weise einen andern Fluß für den Kwango gehalten habe.

stohlen hatte. Nun begreifen wir, was Prima des Abends, wenn wir
plaudernd unter der Veranda saßen, an unserm Hause zu lauern hatte:
es war nicht Antonio! Wir befehlen ihr, sofort unser Haus und Land
zu verlassen und sich nicht mehr sehen zu lassen. Es thut uns weh,
sie so auszuschließen, doch wissen wir, daß sie mit einem Manne Mu-
Manyama's ein Verhältniß anknüpfte und sich wohl nur noch ihre Aussteuer stehlen wollte, um dann wegzugehen. So muß sie denn ohne
Aussteuer heirathen!

26. December. P. Dupont geht zu den Babumas. Ich bin allein
im Hause, doch was liegt daran! Ich bin gesund und sicher; die Leute
ergeben. Ich mache einige Möbel.

27. December. Unser Reis ist schön aufgegangen. Ich pflanze
Bohnen und lasse meine Leute am Maniotfelde arbeiten. Der erst-
gepflanzte ist schon angewachsen. Das Pflanzen ist sehr einfach. Man
steckt ein fußlanges Stück eines Zweiges in die bearbeitete Erde, und
nach $1\frac{1}{2}$ bis 2 Jahren kann man gegen 20 Kilo Wurzeln dort haben.
Daß die Neger faul sind, läßt sich so begreifen. Auch die Arbeit der
Frau ist nicht so sehr hart. In 8—10 Tagen hat sie genug gepflanzt,
um mit ihrer Familie ein Jahr leben zu können. Die Neger an der
Küste lassen ein Ende des Maniokzweiges aus der Erde stehen, welches
dann treibt. Die Väter vom h. Geist sagten uns, es sei vortheilhafter, die
beiden Enden herausstehen zu lassen. Wir indessen legen das ganze
Stück in die Erde. Es dauert 10—14 Tage länger, bis die Triebe
sich durch die Erde gearbeitet haben, dann aber wachsen sie viel rascher
wie die auf altem Holze sitzenden, und die Ziegen können höchstens ein
Blatt, nicht aber die ganze Pflanze losreißen. Dies ist auch die Art,
Maniok zu pflanzen, wie sie etwas weiter oben üblich ist. Wir pflanzen
eifrig; in zwei Jahren müssen wir 100 Leute nähren können, dann sind
wir nicht mehr auf unsere Nachbarn angewiesen. Die Lebensmittelfrage
ist hier die Hauptfrage. Man unterscheidet darum Africa, wo man ißt,
und wo man nicht ißt. Bungana liegt Gott sei Dank im ersten, Kwamouth im zweiten.

Neujahr 1887. Dr. Mense kommt mich überfallen mit einem jungen
englischen Reverend, ein lieber Besuch. Leider kann er nur eine Stunde
verweilen. Doch ist er von unserer Niederlassung entzückt. Wenn wir
jetzt am Jahresschlusse alles betrachten, so sehen wir, daß in sieben
Monaten sich das Aussehen verändert hat. Et renovabis faciem terrae.
Gott allein die Ehre! Das neue Jahr soll noch besser angewandt
werden. Wir erhalten Verstärkung und können uns mit unserer Mission
beschäftigen.

3. Januar. P. Dupont kommt zurück mit einem Flußpferd. Gantapi, die Babuma-Königin, war nicht zu Hause, doch war es immer eine fruchtbare Recognoscirung. Wir setzten den 17. Januar für meine Abreise nach der Küste fest, um das Boot zu holen, welches bald an= langen muß.

16. Januar. Der „Henry Reed" bringt Briefe. Wir sollen unsere Mission aufgeben in Folge eines Uebereinkommens zwischen Sr. Eminenz (Cardinal Lavigerie) und dem König der Belgier. Doch können wir noch unbestimmte Zeit bleiben. Unser Boot ist nicht an der Küste, also keine Ursache, abzureisen.

23. Januar. Unangenehme Tage, starkes Fieber. Doch nun ist es vorüber, noch etwas müde, was morgen wohl auch weg sein wird. Wir haben heute einen furchtbaren Platzregen von zwei Stunden.

Unsere Mission scheint also hier nicht dauern zu sollen. Schade! Doch wie Gott will. Wann werden aber die Belgier kommen? Vielleicht gar nicht; so lange können wir warten. Hätten wir nur ein Fahrzeug! Mit unserer Pirogue haben wir eines Tages einen Unfall, aber wir müssen trotzdem damit umgehen. Gäbe es keine Krokodile im Strom, so käme man ja vielleicht mit dem Bade davon, so aber wird es wohl das Leben kosten. Doch immer vorwärts! P. Dupont wenigstens kam glücklich davon, wie geht's das nächste Mal? Unsere Schutzengel werden hoffentlich nicht so rasch müde.

Ein Recept zum Fiebercuriren: $^1/_2$ Gr. Chinin mit einigen Tropfen Schwefelsäure aufgelöst und dann in einer starken Dosis Cognac oder Liqueur genommen. Das Fieber muß schon stark sein, welches dem widersteht!

27. Januar. Zao kommt unvermuthet an mit einem Loango und meiner Pfeifenkiste. Eine richtige Odyssee! P. Merlon schickte ihn von der Küste weg. Er ging zum Pool, fand aber nirgends eine Passage, da P. Merlon vergessen hatte, ihm ein Legitimationspapier zu geben. Man beneidet uns um den Burschen. Kein Wunder, daß man ihn am Pool abspänstig zu machen sucht. Er aber, kurz entschlossen, redet seinem Gefährten ein, sie wollten nach Loango zurückkehren und zu dem Zwecke den Fluß passiren. Er fabricirt eine Art Ruder aus einem Stück Brett und einem Baumast, stiehlt den Eingeborenen in der Nacht einen kleinen Kahn, und anstatt überzusetzen, rudert er stromauf. Sein Mann wollte nicht; er aber band ihn im Canot fest und drohte, er werde ihm vom Staate 50 Hiebe geben lassen. So brachte er Kiste und Mann in neun Tagen gegen den reißenden Strom rudernd zu uns. Was mit dem gestohlenen Canot jetzt anfangen? Er ist halt nicht um die Mittel verlegen, aber er ist doch ein Prachtkerl, dieser Zao; zehn Andere wären

umgekehrt, selbst Europäer, und er ist nur ein verachteter Loango. Aus den Leuten könnte man doch etwas machen, wäre nur der Branntwein nicht an der Küste. Und nun werden ihn die Kaufleute auch nach oben bringen und uns das Land verpesten.

3. Februar. P. Dupont geht in die Bai von Ngantchu ein Fluß= pferd holen. Dann will er wieder nach Muchie und selbst höher hinauf= gehen, um Verbindungen anzuknüpfen. Vielleicht bietet sich Gelegenheit, einige Kinder zu kaufen.

Gankapi ist im Dorfe Bungana. Sie kommt mich besuchen, nach= dem sie schon acht Tage im Dorfe weilte. Ich gebe ihr eine Kleinig= keit, und sie ist sehr zufrieden.

4. Februar. Gankapi kommt wieder, etwas Kupferdraht verlangend. Ich gebe es ihr. Sie sagt mir, wir sollen zu ihr nach Muchie kommen und das von Mr. Guyot gekaufte Terrain besetzen. Mit uns könne sie in Frieden leben; andere Weiße wolle sie nicht. Einige Leute von Bun= gana machen Dolmetscher; denn vom Kibuma verstehe ich nichts. Fast Jedermann erinnert sich noch des Abbé Guyot und seines Todes.

5. Februar. P. Dupont kommt mit einem Flußpferd zurück. Außer= dem bringt er zwei Packete Nkula (rothes Farbepulver) und einen Mann von Ibiki. Man hatte ihm sein Flußpferd gestohlen. Er fing die Diebe, lud das Fleisch in sein Canot, dazu noch die Nkula, und einer der Spitz= buben begleitete ihn dann, um es Ibiki zu melden. Ein großes Krokodil schwimmt draußen im Strom, bleibt aber in angemessener Entfernung.

6. Februar. Was ein Lärm gestern Abend! Der Koch geht mit einer großen Flasche an den Fluß Wasser schöpfen. Plötzlich hören wir ihn verzweifelt schreien: nganda (Krokodil). Schnell greifen wir zu den Waffen und stürmen hinunter. Als er die ca. 25 Liter fassende gläserne Flasche in's Wasser tauchte, schoß ein Krokodil hervor und zerschellte in seinem Rachen die Flasche in tausend Stücke. Der Koch kam mit dem Schrecken und einer kleinen Schramme an der Hand davon. Ein Glas= splitter ritzte die Haut. Ich präparire einige Fleischstücke mit Strychnin, binde dann einen Schenkelknochen (Flußpferd) an einem Tau fest und letzteres an eine armdicke Wurzel. Zugleich warnen wir alle Leute, von diesem Fleische oder dem etwa todt gefundenen Krokodil zu essen.

7. Februar. Statt des todten Krokodils finde ich alles am Ufer weggenommen. Die Spuren deuten auf ein mächtiges Thier. Die Wur= zel ist an zwei Stellen weggebrochen, und sie war doch nur etwa einen Fuß außer der Erde. Dies ganze Stück ist weg, Schenkel, Fleischstücke, alles. Wohl bekomm's! Ibiki kommt seine Nkula reclamiren. Wir ver= langen zwei Ziegen als Strafe. Er weiß nicht, was er thun soll und geht wieder nach Hause, nachdem wir ihm ein Stück Fleisch gegeben.

Darum keine Feindschaft; aber nachgeben werden wir nicht. Es ist das erste Mal, daß wir einen Diebstahl entdecken, und man soll dafür zahlen. Jedermann findet unser Verfahren in der Ordnung.

Gankapi kommt und ladet uns wieder ein, zu ihr zu kommen. Sie geht morgen nach Muchie. P. Dupont wird ihr in zwei Tagen folgen.

12. Februar. Wieder allein. P. Dupont ist zu den Babuma abgereist, um ein Canot und Kinder zu suchen; ich lasse pflanzen und mache unsere erste Thüre an unser Magazin. Auch einen Gewehrstand. Welche Arbeit! Zuerst das Holz aus dem Busch holen, dann Bretter sägen, dann verarbeiten. Ich sägte bei 33 Grad im Schatten in voller Sonnengluth und fand mich dabei lustig und guter Dinge. Die Arbeit in der Sonne ist nicht schlimm, wohl aber das ruhige Stehen oder Sitzen.

Am 15. Februar [1]. Ngamelima holt mich bei Ungewitter nach Bungana; seine Frau sei am Sterben. Ich komme durchnäßt an. Seine Frau hat von ihrem Sohne einen Schuß in die Schulter und Brust erhalten. Kein Lebensorgan ist verletzt. Ich verbinde sie.

16. Februar. Gehe nach Bungana Verband erneuern. Mein Ohr schmerzt mich und ist taub.

18. Februar. Ohrenschmerzen. Verbinde Frau; alles heilt gut.

24. Februar. Trommelfell zerrissen. Taub auf einem Ohre. Frau außer Gefahr; Wunden heilen schön, einzelne schon vernarbt, weitere Sorgen überflüssig. Gebe ihr etwas Carbolwasser und -Watte, damit sie sich selbst verbinden kann. Sie geht morgen nach Hause zurück. Ein Mann von Bungana hat großen Ruf, Geschosse durch Saugen aus Wunden zu entfernen; er entfernte auch so die Erzstücke aus den Wunden der Frau Ngamelima's.

21. Februar. P. Dupont kommt fieberkrank zurück mit einem etwa fünfjährigen Jungen. Er war noch zwei Tage über Muchie hinaus. Das Productionsland ist noch weiter oben. Gankapi ist ein Geizhals wie keine zweite und suchte ihn auszuplündern. Die Kähne werden weiter oben gemacht. Ein heftiger Fieberanfall zwang P. Dupont, rasch heimzukehren. Ich stecke ihn sofort in's Bett. Die Bayanzi kommen ihn begrüßen und sagen, das Land der Babuma sei schlecht für den Weißen. Hier seien wir stark, aber dort sofort krank.

23. Februar. P. Dupont noch immer krank. Die Loangos beginnen zu murren. Ihre Zeit ist aus und sie verlangen nach Hause. Da muß ich wohl oder übel an die Küste, sobald der Pater gesund ist. Ich treffe meine Vorbereitungen. Viel habe ich nicht nöthig. Vier Träger

---

[1] Die vier Notizen vom 15., 16., 18. und 24. Febr. sind einige Seiten später hinter der Notiz vom 26. Febr. eingetragen.

genügen mir, doch habe ich ja deren 10 bis 12. Freilich muß ich im Canot reisen, was bei dieser Jahreszeit etwas mißlich ist. Doch wir werden mit etwas Vorsicht wohl das Ziel erreichen.

Unser Leon, wie wir ihn nannten, ißt uns unsern Parketboden auf. Er schlägt sich Stücke von dem festgestampften Töpferthon heraus und verzehrt sie. Ich klopfe ihm auf Mund und Finger. Die Babuma= Kinder haben diese Gewohnheit; auch Gankapi hatte einen kleinen Jungen auf dem Arme, der, auf die Erde gesetzt, sich an's Lehm essen gab. Da wäre unser schönes Parket ja bald ganz aufgefressen, wenn man ein Dutzend dieser Gaeophagen hätte. Der Junge ist schon zu Hause bei uns, spielt auf einer kleinen Musikdose und bewacht die Thüre. Kein Fremder darf eintreten. „Das ist mein Haus," sagt er. Anfänglich furcht= sam, ist er jetzt sehr stolz, Sohn des Weißen geworden zu sein.

24. Februar. Unsere Loangos laufen weg, sie wollen heimgehen. Zao folgt langsam. Wir fragen ihn, ob er verrückt geworden sei, ob sie nicht zwei Tage warten könnten. Darauf spricht er den andern zu, das Palaver sei beendet, man gehe nächstens, aber noch nicht heute, man müsse erst Chikuange haben. Das Fieber hat vor einer guten Dosis Chinin mit Grog dahinter Reißaus genommen, nur ist P. Dupont noch sehr schwach. Das Gerücht hat sich verbreitet, daß ich nach der Küste gehe. Die Leute kommen mich zu grüßen und zu sagen, was ich alles für Handelsartikel mitbringen müsse. Für die Nsumus schwarz geflecktes rothes Tuch, breite Zeuge, weiß und blau, Kauris, Goldnägel, Manda (feiner Kupferdraht), kleine Perlen, große himmelblaue, rund und cylin= drisch, weiße in Perlmutterfarbe, aber massiv u. s. w. Jeder weiß etwas anderes. So ein Tag Vorbereitung lehrt mehr als ein ganzes Jahr. Denn nun ist der Bayanzihändler interessirt, daß ich die wünschenswerthe Waare bringe. Man gibt mir sogar Muster.

25. Februar. P. Dupont geht es besser. Ich soll morgen abreisen. Das Herz wird mir schwer bei dem Gedanken, unsere Mission, an der ich gearbeitet, zu verlassen. Es will mir scheinen, als sähe ich sie nicht wieder. Wie Gott will, unser Leben ist in seiner Hand. Heute oder morgen, die letzte Stunde schlägt für Jeden, sei's im friedlichen Hause oder auf dem tobenden Meere oder in wilder Savanne. Gott ist überall, in ihm sind wir und leben wir. Auf drei bis vier Monate bin ich wieder draußen, doch hoffentlich finde ich Confratres an der Küste. Dann werden mit dem Boote wohl auch etwa 300 Lasten dort sein. Doch die kommende Arbeit kümmert mich noch wenig.

Ich treffe die letzten Vorbereitungen. P. Dupont schreibt den Obern, ich besehe nochmal alles genau.

26. Februar. Unſere Leute ſind fertig. Nun den letzten Gruß und Kuß, und dann vorwärts mit Gott![1]

Am 26. Februar 1887 verließ P. Schynſe in einem Kahn die Miſ= ſionsſtation Bungana. Nach kurzem Aufenthalt in Kwamouth erreichte er am 1. März den Stanley=Pool. Am Ausgange des Stanley=Pool traf er in Kinchaſſa Mitglieder der Sanford exploring expedition, der die frühere Staatsſtation gehört[2]. Am 8. März kam P. Schynſe nach Leo= poldville, wo ihm Briefe von Seiten der Congo=Regierung in Brüſſel gezeigt werden, nach welchen Cardinal Lavigerie in Folge eines Abtom= mens mit dem König von Belgien ſeine Miſſionare abberuft. Am fol= genden Tage trat er von Leopoldville mit ſeinen Loangos den Marſch nach Matadi an ungefähr auf demſelben Wege, den er früher den Congo aufwärts zurückgelegt hatte. Unterwegs traf er 19 Sanſibarleute, die deſertirt waren und mit ihm zur Küſte gehen wollten, welche aber auf die Nachricht, der Bulamatari (Stanley) und Tipo=Tipo würden ihnen begegnen, ſchleunigſt umkehrten. Von Lukunga abwärts bis nach Kongo di Lemba ſind faſt alle Dörfer an der ſogenannten Dampferſtraße ver= brannt oder verlaſſen. Zahlreiche Wagen begegnen ihm, beladen mit oen Stücken eines Dampfers, welche die Sanford exploring expedition zum Stanley=Pool bringen läßt[3]. Hunderte von Leuten, die für Stanley beſtimmt ſind, unter Führung des Herrn Ingham, gehen mit P. Schynſe nach Matadi abwärts. Am 24. März erreicht er Matadi und trifft dort mit Tipo=Tipo zuſammen, der verſpricht, den Transport der Miſſion vom Kaſſai zum Tanganita=See zu übernehmen. Dann ſieht er auch Herrn Stanley, dem er glückliche Reiſe wünſcht[4]. Indem P. Schynſe

---

[1] Da der Bericht des Tagebuches über die Rückreiſe vom Kaſſai zur Küſte nur kurze Notizen enthält, ſo wird eine Zuſammenſtellung der wichtigſten genügen.

[2] Dieſe Expedition war von einer americaniſchen Geſellſchaft unter Leitung des frühern Miniſters Sanford ausgerüſtet und dem Befehl des Lieutenant Taunt, der ſchon früher im Auftrag der Vereinigten Staaten eine Forſchungsfahrt auf dem mittlern Congo ausgeführt hatte, unterſtellt worden. Der Congoſtaat überließ der Geſellſchaft die Stationen Manyanga, Kinchaſſa, Acquatorville und Luebo.

[3] Am Mpozo, 23. März, ſchreibt der Reiſende in ſein Tagebuch: „Hier ſehe ich wieder durch Branntwein trunkene Neger, ein widerlicher Anblick! Wie ganz anders erſcheinen meine Loangos gegenüber ihren Stammesgenoſſen! Dieſe thieriſchen Ausſehens, herunter= gekommen, verlottert; die meinigen trotz der Ermüdung ſtolz einherſchreitend, kräftig, mus= kulös, glänzend braun=ſchwarz. Sie hatten eben kräftige Nahrung, ordentliche Arbeit und keinen Schnaps. Man ſieht die Branntweinverwüſtung erſt, wenn man vom Innern ſo plötzlich an die Küſte kommt, wie ich dies that."

[4] Am 24. December 1886 war Stanley von New=York nach London zurückgekehrt, um, von reichen Mitteln engliſcher Capitaliſten unterſtützt, ſeine Expedition zum Entſatz Emin Paſcha's vorzubereiten. Am 21. Januar 1887 verließ Stanley England, um in

zur Küste geht, erhält er die Nachricht, daß sein Gefährte P. Dupont schon am 11. März die Station geräumt habe und ihm folge. Der Letztere kommt am 7. Mai an der Küste an; am 18. Mai schiffen sich beide Missionare ein, erreichen am 13. Juni Lissabon und am 19. Algier.

———

Sansibar die nöthigen Träger anzuwerben und sich die Unterstützung seines alten Bundes= genossen, des arabischen Elfenbein= und Sklavenhändlers Tipo=Tipo, zu sichern. Am 18. März traf Stanley von Sansibar an der Congo=Mündung ein. Tipo=Tipo war mit 40 Leuten in seiner Begleitung. Diese bestand außerdem aus 9 Europäern, 61 Suda= nesen, 13 Somalis, 620 Sansibariten. Mit mehrern Dampfern ging er flußaufwärts bis Matadi, wo ihn P. Schynse antraf. Der Landmarsch von Matadi nach Leopoldville war für Stanley sehr schwierig, weil für die 600—700 Leute nur mit großer Mühe Lebensmittel zu beschaffen waren. Erst am 29. April konnte Stanley seine Mannschaft und Ausrüstung auf den vier Dampfern Stanley, Florida, Peace und Henry Reed einschiffen. Am 28. Mai kam er an der Mündung des Aruwimi an, von wo er, dem Flusse folgend, in nordöstlicher Richtung den Albert=Nyanza erreichen wollte. Schon am 2. Juni brach er mit 389 Mann und 5 Europäern auf, indem er ein Lager am untern Aruwimi zurückließ. Tipo=Tipo fuhr direct nach den Stanley=Fälls, um die von den Arabern zerstörte Station dem Congostaate wieder auszuliefern. Stanley blieb seit Ende Juni 1887 verschollen, bis er in einem vom 17. August 1888 von Bunalya am Aruwimi datirten und an Tipo=Tipo gerichteten Briefe die erste Kunde von sich gab. Seitdem sind fünf eigenhändige Briefe Stanley's in England eingetroffen, welche über die ganze Reise bis zum Zusammentreffen mit Emin Pascha und über die Rückreise nach Bunalya ausführlich berichten. Das erste Schreiben vom 28. August 1888, an Sir Francis de Winton gerichtet, schildert den Marsch vom Aruwimi zum Albert=Nyanza; das zweite vom 4. September 1888 on Bruce in Edin= burg, den Schwiegersohn Livingstone's, gibt ein anschauliches Bild von den Beschwerden, mit welchen die 160 tägige Reise durch den großen Congowald verknüpft war. Das dritte an die Geographische Gesellschaft in London vom 1. September 1888 gerichtete Schreiben enthält eine Darstellung der geographischen Verhältnisse der erforschten Gegenden. Dazu kommen noch zwei Briefe vom 18. September 1887 und 14. Februar 1888, welche Stan= ley an den Major Barttelot schrieb, den er mit 257 Leuten in einem befestigten Lager an den Yambuga=Fällen des Aruwimi zurückgelassen hatte. Da inzwischen Major Bart= telot ermordet worden war, wurden die beiden Briefe mit den übrigen Schreiben Stan= ley's nach England befördert. Nach seinen Berichten verließ Stanley am 28. Juni 1887 das Lager von Yambuga mit 389 Leuten. Erst am 5. December, nach einem Marsche von 160 Tagen, hatte er den großen mittelafricanischen Urwald durchschritten. Am 12. December erblickten sie zuerst den Spiegel des Albert=Nyanza. Doch wegen der drohenden Haltung der Eingeborenen und wegen Mangels an Munition mußten sie nach Ibwirri zurückkehren, wo Stanley einen Monat lang an's Krankenlager gefesselt war. Ende März 1888 erreichten sie den Albert=Nyanza und am 29 April erschien der Dampfer Emin Pascha's am Südende des See's. Bis zum 25. Mai blieben die beiden Africaforscher zu= sammen. An diesem Tage trat Stanley den Rückmarsch zu dem im Lager von Yambuga zurückgelassenen Major Barttelot an, um auch den Rest seiner Expedition zum Albert= Nyanza zu führen. Am 17. August langte er an den Yambuga=Fällen an, um zu er= fahren, daß Barttelot ermordet und von den 257 Leuten nur 71 übrig geblieben seien. Nichtsdestoweniger trat Stanley wieder den Rückweg zu Emin Pascha an. So weit reichen die eigenen Berichte Stanley's.

VI. Aus Familien- und Freundes-Briefen.

Brazzaville (Stanley-Pool), 13. März 1886.

Ich bin seit 19. Februar in Brazzaville, dem französischen Posten auf dem Nordufer des Stanley-Pools . . . Sechs Stunden weiter ab von hier befindet sich eine Mission der PP. vom h. Geist. (St. Joseph de Linzolo). P. Merlon und Dupont sind gegenwärtig auf einer Spazierfahrt nach Kwamouth mit Lieutenant Wißmann; leider war der Dampfer klein und bereits sechs Weiße darauf, so daß ich nicht mit konnte, es wäre zu unbequem gewesen. Sie kommen in einigen Tagen zurück und denken wir dann stromauf zu gehen, um uns irgendwo festzusetzen. . . . Der Pool ist ein weites Becken von 25 Kilometer Durchmesser, in der Ferne von Bergen umkränzt, voll von Inseln und Sandbänken. Bei Brazzaville ver= engt er sich, und bei Leopoldville beginnen die Stromschnellen und Fälle. Das Land bei dem Ufer ist ziemlich eben, die Bewohner leben meist vom Elfenbeinhandel. Sie kaufen von den Abao und verkaufen den Bakongo, die es zur Küste bringen. Erstere sind sehr gewandte Schiffer, die oft mit mächtigen Piroguen flußab kommen. Die Bateke hier am Pool bauen fast nichts und sind reich durch ihren Handel. Die Leute sind nach der ersten Begegnung zutraulich und gutmüthig, der Weiße ist sehr geachtet und findet leicht, was ihm nöthig ist zum Leben.

Die Kost ist etwas verändert, auch etwas eintönig: Hühner und Ziegen, hier und da Hammel oder etwas Wildpret, dazu Bataten, ein= heimischen Kohl und Salat, Maniok, Früchte, aber von Entbehrungen selten die Rede. P. Dupont behauptete, ich ruinire die Mission durch meinen Appetit; ich fühle mich nie wohler als auf dem Marsche, Tag und Nacht in freier Luft und mäßiger Bewegung. Die Hitze ist sehr erträglich, fast nie gab es Tage, wo wir nicht am Nachmittage marschiren konnten; der Himmel größtentheils bedeckt, gegen 10—11 Uhr hebt sich die Brise. Zudem sind wir ziemlich hoch. Auf dem Marsche erreichten wir 6=—700 Meter, Brazzaville ist 370 Meter über dem Meere, der Congospiegel 340[1]). Wir haben jetzt Regenzeit, d. h. täglich sieht und hört man Gewitter, aber selten, daß man darunter ist, wöchentlich ein bis zwei Mal, wobei man sehr zufrieden ist, unter Dach zu sein.

Die Bewohner sind noch anständig gekleidet; sie liegen den ganzen Tag um uns herum, um zu plaudern und zu sehen, was man thut, wenn sie nicht Geschäfte halber kommen, aber wild nach unsern Begriffen sind sie nicht. Wenn Verwickelungen mit ihnen vorkommen, so ist es in Folge

---

[1]) Die Angaben über die Seehöhe des Stanley-Pool sind sehr verschieden.

von Diebereien seitens der Leute des Weißen oder von Mißverständnissen. Freilich stehlen sie auch. Beweis die vielen verbrannten Dörfer auf der Straße, Strafgerichte des Bulamatari (Name für Stanley und die Association im Allgemeinen, bedeutet „Steinbrecher"). Krieg gibt es wohl auch hier im Lande, aber nach Kinderart; man verbrennt ungeheuere Pulvermengen und kein Resultat. Hat ein Dorf das Unglück, einen Menschen des feindlichen Dorfes zu tödten, so muß es ihn bezahlen. Es handelt sich darum, Gefangene zu machen und dann Lösegeld zu er= pressen. An Markttagen hört der Krieg auf. Im Allgemeinen wird Ort und Zeit des Kampfes bestimmt; wer sich dann zu schwach fühlt, bleibt zu Hause. Man schlug sich gegenüber Süd=Manyanga, dicht bei der alten Nordstation, da ließ der Chef von Manyanga eine Granate über die Köpfe der Kämpfer sausen (man hat ein kleines Krupp=Geschütz) und Freund und Feind lief zusammen weg, der Krieg war aus. Auch auf unserm Marsche fanden wir Krieg, etwas abseits der Straße; man schoß den ganzen Tag über, ohne sich Schaden zu thun. Wir selbst hatten nie Reibereien mit den Eingeborenen, der Weiße selbst kann mit einem Sonnenschirme bis zum Pool reisen. Weiter oben am Congo soll es anders sein, doch werden wir es ja bald sehen, ich bin nun so weit, daß ich nichts von dem glaube, was man mir sagt; man hört die wider= sprechendsten Dinge.

Glückseliges Osterfest! Wir leben hier wie Wilde, die Festtage gehen vorbei, und man kann sich kaum darum kümmern, wenn man mit seiner Bande reist. Doch hoffen wir, zu Ostern ein kleines Heim zu haben, freilich nur eine Strohhütte, doch kommt dann die trockene Zeit, und wir können bauen.

Kwamouth=Ntassa, 5. Juni 1886.

Endlich wäre ich zu Hause, d. h. auf dem Grund und Boden, wo unsere Mission sich erheben soll. Am 23. April kam ich nach Kwamouth mit dem „Stanley". Am 1. Mai gingen wir nach unserm Gebiete, um mit dem Bau zu beginnen. Da standen wir mitten im Busch, 50 Meter vom Congo, 30 drüber und sahen nichts; fast unmöglich, einen Schritt zu thun. Da galt's, nicht zu feiern. Die Art zur Hand, arbeiteten wir angestrengt 14 Tage mit Feuer und Eisen, uns Luft und Licht schaffend. Da waren zwei bis drei Hectar Land frei, die Aussicht ver= sperrenden Bäume niedergeschlagen, eine 300 Meter lange, acht Meter breite Bananen=Allee zum Congo und dem Hafen angelegt. Wir sahen uns auf einem kleinen Vorgebirge, mit wundervoller Aussicht stromauf und =ab und auf das ewig grüne rechte Ufer. Dann, während P. Dupont die Arbeiten an Ort und Stelle fortsetzte, ging ich mit vier Leuten nach dem Hochwald an's Holz schlagen. Am 16. Mai pflanzten wir unsern erſten Poſten. Zimmermann ſind wir ſelbſt; die Hände ſind hart und ſchwielig dabei geworden im Dienſte Gottes. So hämmerten und ſägten und hackten wir 14 Tage, nun ſteht das Gefüge unſeres Hauſes und harret nur mehr des Daches und der Wände; die Holzarbeiten ſind be= endet. Du hätteſt mich dabei ſehen ſollen, in Arbeitskleidung: Hemd und Hoſe, einen vom Buſch arg mitgenommenen Hut auf dem Kopfe, ein wahrer Buſchmann. Das wird noch 14 Tage bis einen Monat dauern, dann ſind wir unter unſerm eigenen Dach, mit eigenem Herd, von uns ſelbſt gebaut, kein anderer that einen Hammerſchlag oder Sägeſtrich als wir. Gott hat uns dabei beſchützt. Wir hatten 14 Tage noch be= ſtändig Regen, den ganzen Tag in naſſen Kleidern, bei harter Arbeit vom Morgen bis Abend ſühlten wir uns nie wohler, als hier. Seit ich Brazzaville verließ, hatte ich nicht mehr eine Spur von Fieber, trotz der ſchlechten, naß=heißen Jahreszeit.

Der Congo iſt hier ruhig, man gleitet darüber hin wie auf einem See, ungefähr 2000 Meter breit, fünf Rheine nebeneinander.

Die Entbehrungen dieſes wilden Lebens fühle ich nicht. Gott gibt uns das Nöthige, und das iſt alles, was ich wünſche. Hier und da kommt noch ein Feſttagsbraten dazu. Wenn du wiſſen willſt, was wir treiben, nimm Dreizehnlinden, die Gründung des Kloſters. Vom Tage, wo ich von einem Baume Krone und Aeſte herunterhieb und einen andern quer am Stamme feſtband, um uns unter des Kreuzes Schatten zu ſtellen, bis heute führen wir genau dieſes Programm aus, ſo wie es da ge= ſchrieben ſteht. Omnia omnibus factus sum, ut animas Christo lucrifacerem. Du weißt, ich verſprach dir eines Tages eine Nadelbüchſe aus einem Crocodilzahn; ich habe ſehr ſchöne von einem 21füßigen, das meiner Büchſe zu nahe kam, darunter welche von vier bis fünf Zoll. Willſt du die Nadelbüchſe?!

Bungana bei Kwamouth, 27. Juni 1886.

Du darfſt dich nicht an das Aeußere dieſes Briefes ſtoßen, ich ſchreibe unter dem Zelte, wo der Wind mir jeden Augenblick Staub und Aſche zuführt, und meine Hände ſind mehr an Axt und Säge, denn an die Feder gewöhnt. Unſer Haus ſchreitet vorwärts, es iſt nun unter Dach, nächſten Sonntag hoffen wir einige Zimmer fertig zu haben mit unſerer Kapelle, dann brechen wir endgültig unſere Zelte ab, die zwei Monate ſchon auf demſelben Flecke ſtehen und deren Tragpfähle ſich immer tiefer in die Erde ſenken. Trotz der Unbilden der Witterung und angeſtrengter Arbeit iſt unſere Geſundheit nicht nur eine gute, ſondern eine ausgezeichnete zu nennen. Das Fieber ſcheint von hier verbannt zu ſein. Des Abends ſind wir oft todtmüde, in der Nacht plagen uns die Mnskitos, thut nichts, man schläft und Morgens früh ist man neu gekräftigt an der Arbeit. Dies Leben hat einen eigenen Reiz, besonders die Abende nach der Mahlzeit, wo man auf einigen Ziegenfellen, die Füße gegen ein großes Feuer, das Mnskitos und Thau verjagt, hingestreckt, sich an's Plaudern gibt.

Wenn man den Congo im Ganzen betrachtet, von der Mündung bis hierher, so muß man sagen, daß es von ihm gilt: „Viel Geschrei und wenig Wolle". Der Boden wird allmälig fruchtbarer, wir haben hier einen ausgezeichneten Boden für Ackerbau, aber er ist wild. Die Eingeborenen wissen durchaus keinen Nutzen daraus zu ziehen. Sie bauen Maniok, Mais, Bataten, Ignam (Yamswurzeln), Bananen so viel sie brauchen, und damit basta; das thun die Weiber, die Männer schlafen. Die Uferbewohner thun nichts. Sie treiben Elfenbeinhandel und ziehen vor, ihre Lebensmittel von den Binnenland=Bewohnern einzutauschen. Für den Anbau von Colonialproducten sind die Transportkosten zu theuer, selbst wenn die Unter=Congo=Bahn gebaut ist. Da bleibt also nur das Elfenbein und das wird auch rarer werden. Von den „richesses inouies" habe ich wohl gehört, aber noch nichts gesehen, und ich theile hierin das Schicksal der weitaus größten Mehrzahl der Congo=Reisenden.

Vom Pool bis hierhin ist das Land noch gebirgig, die Berge verflachen sich allmälig nach Osten in's Plateau und verlieren sich allmälig ganz, d. h. man steigt auf dem Congo allmälig auf das Plateau hinauf. Die Bevölkerung abzuschätzen, ist sehr schwierig. Uns gegenüber auf dem rechten Ufer scheint alles menschenleer zu sein. Nur das Gebrüll der Büffel, Elephanten, Brüllaffen 2c. dringt aus den Urwäldern zu uns herüber an stillen Abenden, aber zahlreiche Brände zeigen, daß es dort doch Leute geben muß. Unser Nachbar, ein Bayanzi=Nsumu, ist im Kriege mit seinen Stammesgenossen von oben, die ihn nicht passiren lassen wollen, um Elfenbein zu kaufen. Sie wollen, er soll es von ihnen kaufen. Eines Nachmittags kam der Nsumu mit einer Bande Bewaffneter zu uns, grüne Zweige im Haar, um Abschied zu nehmen. Ich gehe Krieg führen viele Monate, sagte er, mit fünf Bayanzi=Dörfern, es bleiben nur Weiber, Kinder, Alte und Kranke zurück; sei du ihr Nsumu und lasse nicht zu, daß man ihnen Krieg macht. Wir versprachen ihm, über die Dörfer zu wachen. Wir führten keinen Krieg; wenn Jemand ihn daher beunruhige, könnten uns die Zurückgebliebenen Boten schicken und wir würden den Angreifer zur Ordnung ermahnen und ihm sagen, die Dörfer seien unter unserm Schutze. Wenn er dann nicht zufrieden sei, möge er nur zu uns kommen, um uns anzugreifen, und er müsse die Folgen dann tragen; wir fürchteten Niemand. (Wir sind zwei Weiße und drei Schwarze hier!) Damit war der Nsumu zufrieden; er schiffte sich ein und ging stromauf. Wir

besuchten unsere Schutzbefohlenen, im Uferdickicht verstedte Dörfer, vom
Congo aus unsichtbar, ziemlich wohl bevölkert, in 20 Minuten Entfernung
von uns. Es ist dies ein eigenthümlicher Zug der hiesigen Organisation:
Sobald ein Fürst ein Dorf oder einen Mann unter seinen Schutz stellt,
ist derselbe sicher. Ein Dieb z. B. ist unstrafbar, so lange sein Nsumu
ihn reclamirt. Der Häuptling steht für ihn und man hat sich an ihn
zu halten, nicht an den Dieb. Dieser sitzt ganz ruhig bei Seite als eine
dritte Person, ohne Interesse in der Sache. Erwischt man den Dieb auf
frischer That, so macht man ihn dingfest und benachrichtigt seinen Nsumu,
der gehalten ist, ihn loszulösen, wenn er nicht Krieg vorzieht, um ihn
zu befreien. Krieg will nicht viel heißen. Wir hatten auch einen. Ein
Neger stahl eine Flinte, wir schickten vier Leute in's Dorf, dieselbe zu
reclamiren. Es fielen vier Schüsse. Man erklärte, mit den Weißen Krieg
spielen zu wollen, aber der Nsumu des Diebes ward von seinen Nachbar=
dörfern gezwungen, die Flinte zurück zu erstatten, zwei Ziegen und fünf
Hühner als Strafe zu zahlen dafür, daß er Krieg spielen wollte. Wir
wurden als patres patriae erklärt, das Land unter unsern Schutz gestellt,
und die zwei bedeutendsten Nsumus müssen jährlich jeder fünf Ziegen Tribut
zahlen. Eine zerbrochene Flinte im Hofe von Kwamouth verkündet, daß
dieser Platz heilig ist und alle Streitigkeiten hierhin gebracht werden
müssen, ehe man zu den Waffen greifen darf. So endete unser Krieg
ohne Blutvergießen. Des Abends großer Kriegstanz von einigen Hundert
Kriegern zu unsern Ehren vor uns aufgeführt und zahlreiche Libationen
von Malafu, gegohrenem Zuckerrohr, wie Bier berauschend und nicht
unangenehm zu trinken. Freilich, der Tribut ist noch nicht gezahlt, auch
reclamiren wir ihn nicht, wir ziehen vor, die Nsumus als Schuldner zu
haben. Die Strafe für den Diebstahl und die Kriegskosten wurden aber
beigetrieben.

Es sind die Babuma im Kwa (Kassai), ungefähr zehn Meilen auf=
wärts, die den Malafu oder Malamu („gut") bereiten und überall hin
zum Verkaufe bringen in großen irdenen Krügen von 50—150 Liter.
Dies sind auch die Canot=Fabricanten. Sie liefern alle Canots vom Pool
bis weit nach oben. Wir kauften eine Pirogue von ihnen, 14 Meter
lang, über einen Meter breit, aus einem einzigen Stück, und diese ist
nicht eine der größten. Ich fand eine von 1½ Meter Breite bei 15 Meter
Länge, die ich zu erstehen suchte, aber sie war unverkäuflich. Ebenso
sind diese Babuma geschickt in Töpferarbeiten. Sie verfertigen den größten
Theil der von hier nach dem Pool im Gebrauch befindlichen Wasser=
trüge, Kochtöpfe, Pfeifenköpfe ꝛc., dagegen keine Schmiede-Arbeit. Diese
Fabriken habe ich noch nicht kennen gelernt. Auf dem Nordufer sind
sehr geschickte Kupferarbeiter.

Die Landesmünze hier sind Mitakos, Messingstäbe von 60 Cm. Länge, im Werthe von 12 Pfg. Eine Pirogue kostet davon 400—1000. Wir haben als Tagelohn vier Mitakos eingestellt mit Selbstbeköstigung, und zahlreiche Bayanzi kommen sich zur Arbeit dafür anbieten. Freilich ist dies noch keine regelmäßige Arbeit. Man muß beständig mit ihnen sein, will man etwas zu Stande bringen, aber es ist doch immer ein Anfang bei diesem faulen Volke, und wir sind damit sehr zufrieden. Daß uns von der Bevölkerung Ungelegenheiten entstehen, ist nach Menschenermessen ausgeschlossen. Sie leben in ihren Dörfern und suchen gute Freunde mit dem Weißen zu bleiben. Sie haben unsere Stoffe nöthig zur Kleidung und zum Handel. Sie sind alle, Kinder ausgenommen, noch anständig gekleidet, d. h. nach Ortsanschauungen, schön gebaut, kräftig, tüchtige Ruderer. Ein wahres Vergnügen, im Canot mit fünf bis sechs dieser Burschen zu reisen! Und die Frauen rudern mit den Männern um die Wette.

Wir sind noch zu sehr Buschmänner. Sobald unser Haus fertig ist, werden wir einige dieser Typen photographiren mit ihrer sonderbaren Frisur. Da sind z. B. die Weiber: sie rasiren sich die Schläfen und lassen nur in der Mitte, auf dem Scheitel, einen dichten Wulst langer Haare stehen, so daß ihr Kopf einem baierischen Raupenhelm ähnlich sieht. Andere breiten ihr Haar sonnenschirmähnlich aus, flechten es in Hunderte kleiner Flechten, in zwei Hörner über den Ohren, einen Zopf vorn und hinten mit einer Feder daran.

Nun lebe wohl und bete für mich; ängstige dich aber nicht um mich. Wir stehen alle in Gottes Hand. Er sendet uns und führt uns zurück, sicher und gesund, oder Er weist uns eine Ruhestätte an, wo es Ihm gefällt. Entbehrungen fühle ich nicht, ich bin zu rauh dazu; Gefahren suche ich nicht und fürchte ich nicht; „warm das Herz und kühl der Schädel", suchen wir Gottes Willen zu erfüllen, unbekümmert um das, was uns treffen kann, es kommt alles wohl.

Bungana, 14. November 1886.

Ich erhielt gerade deinen Brief wegen der Nadelbüchse. Leider sind die Krokodilzähne verloren, zwei andere Krokodilköpfe wurden mir von den Eingeborenen stibitzt, sie sind sehr erpicht auf das Fleisch. Ich aß davon ein wenig, es hat sehr schönes Aussehen, wie gut durchwachsenes Schweinefleisch, und schmeckt halb wie Fleisch, halb wie Fisch. Dafür gab ich aber dem P. Merlon Flußpferdzähne für dich mit, zwei Hauer und zwei Schneidezähne, von einem Ungethüm, das mir zu nahe kam. Mit zwei Kugeln im Kopfe klomm es die steile Böschung in die Höhe, auf der ich stand, mit weit aufgerissenem Rachen. Gerade recht! Eine dritte Kugel

mitten in den Rachen hinein warf es hinterrücks in's Wasser zurück zum
Gaudium meiner Bayanzi, die sämmtlich ausgerissen waren. „Mundele
ngolo mingi“. der Weiße hat große Stärke. sagten sie, die kleinen Kugel=
wunden mit Grashalmen sondirend. Mit der Elephantenbüchse wird es
wohl richtig sein. Schade, daß wir sie nicht vor zwei Monaten hatten!
Mit unsern Büchsen können wir die Thiere nur schwer tödten, am hellen Tage
und in geringer Entfernung, und dafür wollen wir unsere Haut nicht
riskiren. Ich schoß etwa 15 Flußpferde bis heute; zwei ausgenommen,
von denen eins zwei, das andere drei Kugeln bekam, alle mit der ersten
Kugel zwischen Auge und Ohr oder in diese Organe, freilich alle vom
Lande aus, nur zwei auf dem Flusse, wovon eins mein Canot und eins ein
vorausfahrendes Negercanot angriff; sonst schießen wir nicht zu Wasser
auf dieselben. Bisweilen ärgern sich diese Dickhäuter über die Canots und
geben ihnen Stöße mit ihrem Kopfe, wodurch sie die Boote sehr beschädigen,
ja zerbrechen können. Da man es aber schon im voraus ihnen absieht,
was sie im Schilde führen, ist es leicht, bei etwas sicherer Hand und
kaltem Blute ihnen auszuweichen und ihnen das Wiederholen zu verleiden.
Sie geben uns Fleisch für unsere Leute und unsere schwarzen Nachbaren,
die uns (Fleischväter) dafür auf den Händen tragen. Ein etwas sonder-
bares, aber sehr gutes Mittel, ihr Vertrauen zu gewinnen, und für uns
besonders kostbar, denn diese Ausflüge lassen uns Land und Leute kennen,
wir lernen ihre Sprache, ihre Sitten, denn wir gehen dann allein mit
ihnen, ohne andere Leute mitzunehmen. Wir sind unter ihnen völlig
sicher, sicherer als nach acht Uhr auf einer deutschen Landstraße.
Wir pflanzten eine 300 Meter lange, 10 Meter breite Palmen=
Allee vom Congo auf unser Plateau, „avenue Lavigerie“, in Mitte
unseres Hofes zwei sich kreuzende Alleen, im Schneidepunkte eine Rotunde
von 20 Palmen. Unser Garten beginnt uns Gemüse zu gehen. Wir
haben etwa 20 Ziegen und so auch Milch zum Kaffee, freilich keinen Zucker,
der ging unterwegs verloren. Wir fanden in den Negerdörfern Kohl,
Spinat, Sauerampfer, Aubergines, süße Kartoffeln, Yams, welche die
europäische Kartoffel vollständig ersetzen, im Busche wilden Wein, dessen
Trauben eßbar sind, durch Pflege können sie sich wohl noch bedeutend
verbessern, vielleicht auch Wein liefern. Die Erfahrung wird es zeigen.
So haben wir unsern Gemüsegarten fast ausschließlich auf einheimische
Gewächse basirt. Neben einheimischen Bohnen sind auch unsere europäi·
schen in Blüthe. Obst hoffen wir in sechs Monaten zu haben. Im
Gestrüpp fanden wir einen Physalis mit eßbaren Früchten, wie Stachel-
beeren schmeckend, vielleicht von Leopoldville eingeschleppt, wo man den
„eßbaren Physalis“ (Eselskirsche) cultivirt. Wir brachten von Brazzaville Maratuschas mit, die zu blühen anfangen (Passiflora marakuja aus

Brasilien). Papaien (Melonen) wachsen überall im Busch, wo wir Kerne aus den Früchten von Kwamouth hinwarfen. In sechs Monaten ist es ein vier bis fünf Meter hoher Baum mit Früchten. In der Savanne wächst noch ein heidelbeerähnliches Pflänzchen mit Pflaumen ähnlichen Früchten, sehr angenehm. Unsere ersten von uns selbst gezogenen Ananas sind in 8—14 Tagen reif, wir haben mehr als 500 Stöcke gepflanzt. Die Ananas finden sich hier in und um alle Dörfer wild wachsend. Unsere „Orangerie" besteht freilich nur aus zwei Bäumen, die erst in zwei bis drei Jahren tragen, doch wird sie sich bald vergrößern. Wir sagen den Negern, was wir wollen; man bringt uns ein bis zwei Stück, die wir gut bezahlen; einige Tage darauf haben wir mehr, wie wir wollen, der Preis sinkt vor dem großen Angebot sehr bedeutend, und selbst ein für sie hoher Preis für dergleichen Pflanzen, die sie im Busch holen, ist ein geringfügiger, einige Pfennige werth.

In kurzer Zeit hoffen wir unser Nest auszustatten, wie die Natur es ausgestattet hat, denn am ganzen Congo gibt es keine Niederlassung, welche die unsere an Schönheit der Lage übertrifft, nur eine (Brazzaville), die sich damit vergleichen läßt. Ebensowenig finden wir einen Rivalen für das Zuträgliche der Lage. Wir sind 30 Meter über dem Congo, das Plateau (eine Halbinsel zwischen Congo und Kassai) steigt 500 Meter landeinwärts noch ein wenig, um dann nach dem Kassai hin abzufallen. Auf der Wasser= scheide befindet sich der Hochwald, der uns unser Bauholz liefert und zugleich die den Kassai herabkommenden Tornados abwehrt, so daß wir wohl Regen, aber nicht den häusergefährdenden Sturm bekommen. Ringsum gibt es keinen Sumpf, und die mäßige Höhe gewährt uns wohl das Vergnügen einer leichten Brise, die fast beständig weht, aber nicht den rasch abkühlenden und fiebererzeugenden Wind. Beweis dafür ist unser ausgezeichneter Gesundheitszustand. Seit sechs Monaten hatte ich einige Stunden Fieber (nach der harten Arbeit der ersten Wochen und den Entbehrungen ohne Zahl) und hütete einen halben Tag das Bett. P. Superior hütete es zwei Tage, während in allen andern Stationen man wenigstens einen Tag im Monat Fieber hat, und seit drei Monaten gibt es überhaupt kein Fieber hier. P. Merlon erholte sich hier. In Kwamouth lag er ³/₄ der Zeit zu Bett, hier bloß ¹/₄, aber sein geschwächter Zu= stand ließ keine Wahl. Unser materielles Leben hat sich sehr gebessert und thut es noch, wenn unsere Pflanzungen im vollen Tragen sind; unsere geistigen Entbehrungen sind hier zu Ende. Als ich neulich dem P. Superior die Haare schnitt, waren wir beide erstaunt, zu sehen, daß die grauen Haare sich vermindert hatten. Ich bin natürlich Schwarz= kopf, der nächste Brief bringt dir Photographie. Zum Ueberfluß hast du ja noch den alten Trost: „Unkraut vergeht nicht."

Zwischen diesen „Bauern"=Arbeiten vergessen wir natürlich unsere Mission nicht. Wir studiren die Sprache, verkehren mit den Eingeborenen, gewinnen ihr Vertrauen und bereiten so das Arbeitsfeld, denn hier heißt es „Eile mit Weile", ein unüberlegter Eifer kann in einem Tage verderben, was man in Jahren mühsam aufgebaut hat. Wir sind bei den Negern sehr gut gelitten, verkehren in ihren Dörfern wie alte Freunde und sind dahin gelangt, daß unser Haus ein Asyl ist, wo Jeder sicher ist. Beweis dafür bietet eine junge Frau. Sie wurde vom Zauberer angeklagt, die Seele eines Mannes gegessen und so seinen Tod verursacht zu haben. (Es gibt keinen natürlichen Tod für die Neger hier.) Sie mußte die Nkassa trinken, einen Gifttrank, der bisweilen tödtet, bisweilen nur Erbrechen verursacht. Sie gab den Trank von sich. Dann sollte sie zum zweiten Mal die Probe machen; da lief sie weg. Querfeldein laufend kam sie am Abend gegen 8 Uhr — wir plauderten unter der Veranda nach dem Souper gemüthlich bei der Pfeife — und warf sich uns zu Füßen, sich als unsere Sklavin erklärend, wenn wir ihr Schutz gegen ihre Verfolger gewährten. Wir versicherten sie unseres Schutzes, beruhigten sie und wiesen ihr die Hütte an, die ich dicht vor dem Kreuze gebaut hatte. So lebt sie dort im Schatten des Kreuzes, die erste, die sich darunter flüchtete und Schutz fand. Man kam sie fordern, aber vergebens: „sie ist frei, sie kann gehen oder bleiben, aber ihr führt sie nicht weg mit Gewalt." Man versuchte Ueberredung, ihr sagend, der Weiße werde sie aufessen, aber sie ließ sich nicht irre machen. „Wenn der Weiße mich verkaufen will, mag er es thun, wenn er mich fortjagt, gehe ich weg, sonst bleibe ich; der Weiße ißt Ziegen und Hühner und Antilopen, aber keine Menschen; er ist sehr stark, er könnte euch alle aufessen, wenn er wollte." Und sie blieb, ein etwas unbequemes Möbel für uns, aber wir können sie nicht wegschicken in den Tod. Gestern kam sie, sagend, sie langweile sich, sie wolle einen Mann; wir werden demgemäß einen jungen Sklaven kaufen und das Paar in unserer Nähe etabliren, wo sie sich eine Hütte bauen und auf einem angewiesenen Stück Feld ihren Lebensunterhalt ziehen können, der Anfang eines Dorfes, und eine deutliche Erklärung, daß die Unterdrückten bei uns Schutz finden. Das Trinken der Nkassa ist im Princip durch unsere Bemühungen, besonders des P. Superior, der dafür sein Leben in die Schanze schlug, abgeschafft, aber es fehlt uns die nöthige Macht, um Wiederholungen in den Dörfern zu unterdrücken; so müssen wir uns damit begnügen, daß man das Trinken der Nkassa vor uns verbirgt, und daß wir etwaige Flüchtlinge aufnehmen.

So eben kam ein Neger mich stören, der mir einen kleinen Elephanten= zahn anbot, und mir erzählte, der Elephant, den wir einmal Nachts an=

schossen, sei am folgenden Tage einige Kilometer flußaufwärts todt ge=
funden worden. Die Kugel des P. Superior saß richtig in der Schulter,
die meinige war in's Auge gedrungen. Er hatte über mannshohe Zähne,
aber nach hiesigem Jagdrecht sind sie für uns verloren.

Bungana bei Kwamouth, 2. Januar 1887.

Tief aus dem geheimnißvollen Continente heraus sende ich dir ein
„Prosit Neujahr". Ich weiß ja nicht, wo dich dasselbe finden wird,
doch habe ich Vertrauen in die Schneide der deutschen Postverwaltung.
Meine Hand ist mehr an Axt und Haue denn an die Feder gewöhnt,
und nach achtmonatlichem Buschleben kann man sich nur schwer mehr
civilisiren, besonders wenn das angefangene Leben fortgesetzt werden soll.
Wenn du eine Karte zur Hand nimmst, so suche darauf den Kwango
(= Kassai, Nkutu, Kwa); nördlich von seiner Mündung, auf dem linken
Congo=Ufer, sitzen wir, wie einige Beobachtungen mir zeigten, unter 3⁰
10' und ca. 35" südlicher Breite, 14⁰ 53' östlich von Paris. Diese Länge
ist nicht von mir, eine Beobachtung gelegentlich der Sonnenfinsterniß harrt
noch ihrer Berechnung, es ist dies eine langweilige Geschichte. Unser
mittlerer Barometerstand seit 4. November, wo wir unser Observatorium
eröffneten, ist 732 Millimeter, was, von den verschiedenen Correctionen
abgesehen, uns eine Seehöhe von 320 Meter gibt. Stanley legt zwar
schon den Stanley=Pool 339 Meter über das Meer, doch konnten ja bei
seiner zweijährigen Reise seine Instrumente gelitten haben ¹). Wir sind
25 Meter über dem Congo bei Hochwasser (1. December) und gegen
30 bei seinem niedrigsten Wasserstande, doch habe ich erst am 1. December
meine Messungen des Wasserstandes begonnen.

Unsere Lage ist eine außerordentlich schöne. Der Strom beschreibt
einen Bogen um uns, so daß wir weithin stromauf und =ab die präch=
tigste Aussicht haben auf den hier 1500—2000 Meter breiten Fluß und
die grünenden Berghöhen der beiden Ufer. Du darfst dir nicht vor=
stellen, daß hier alles mit Urwald bedeckt sei. Die so oft in über=
schwänglichen Farben geschilderte tropische Vegetation findet sich nur an
tiefen sumpfigen Stellen, den allgemeinen Charakter der Gegend bildet
die Savanne, hohes Gras mit zahlreichem Buschwerk, hier und da Baum=
gruppen eingesprengt von einigen hundert Metern. So weit ich den
Congo sah, fand ich nur einen Wald, der diesen Namen verdient, zwischen
Congo di Lemba und Banza Manteka, den Wald von Majambe. Hier und

¹) Dr. von Danckelmann berechnet nach den Siedepunktbestimmungen von Lieutenant
Kund die Seehöhe des Stanley=Pool auf rund 280 Meter, die der Kassai=Mündung auf
310 Meter (Mittheilungen der Africanischen Gesellschaft, V 121 ff.).

da in den Schluchten finden sich wohl noch Hochwuchs und manche schöne Stämme, doch ist der Flächeninhalt zu gering, um es als Wald zu bezeichnen. Im Allgemeinen findet der Europäer sich enttäuscht, wenn er zum Congo kommt. Auf den sumpfigen Urwald im Mündungsgebiete folgen die sonnenverbrannten, steinigen, unfruchtbaren Berghöhen des Unterlaufes, und der 18 tägige Marsch auf beschwerlichem Pfade, bergauf, bergab bis zum Pool durch diese oft trostlose Gegend ist ganz danach angethan, Einen den Congo mit allem, was da ist, verwünschen zu machen. Das Thor ist gar zu unangenehm, so will mancher vom Hause nichts wissen, und die gar zu oft rosig gefärbten Berichte selbst über diesen Theil des Congo lassen den Neuling an allem zweifeln. Allmälig nimmt die Gegend einen angenehmern Charakter an, die Wasserläufe mehren sich, die Bergabhänge werden sanfter, der harte rothe Laterit wird mit Humus bedeckt, und kommt man zum Pool, so sieht man überall frisches Grün. Je näher man der Plateauhöhe kommt, desto sanfter werden die Berge, um allmälig ganz zu verschwinden. Die höchsten Gipfel bei uns haben nicht mehr als 100 Meter über dem Fluß (am Unter-Congo oft 3=—400 Meter). Das Land ist hier oben unstreitig fruchtbar, wir haben z. B. im Jahre nur drei Monate relative Trockenheit, Juni, Juli, August, dann beginnen die Regen, bis halben December, wo sie etwas spärlicher werden. Wir erwarten noch Trockenheit im Februar, doch wird sie nicht bedeutend sein. Anfang März ist man von neuem in voller Regenzeit für drei Monate. Im December z. B., wo die Regen weniger häufig geworden sind als in den drei vorhergehenden Monaten, hatten wir 14 Regen, in denen 186 Millimeter Wasser fielen. Die Temperatur ist eine ziemlich regelmäßige. Die niedrigste in zwei Monaten beobachtete Temperatur war 20° Celsius, die höchste 33,3° im Schatten (etwa 27 Reaumur), doch war es im Juli bedeutend frischer, und im Februar und März steigt das Thermometer auf 38°. Wir werden dies ja bald mit Sicherheit constatiren können.

Der Europäer kann es, wie es scheint, darum hier im Lande aushalten unter Anwendung einiger Vorsichtsmaßregeln. Wir leben seit Mai hier in Bungana, wir kamen in voller Regenzeit, ohne Dach, im Busch vergraben, bei harter Arbeit und mangelnder Verpflegung; aber wären wir auch unser 100 gewesen, ein Doctor hätte ceteris paribus schlechte Geschäfte gemacht. In den acht Monaten wurden wir zu zwei an einem Tage von der Sonne erwischt und mußten darum einen halben Tag schlafen, wozu wir keinen Doctor brauchten, außerdem Krankheit gleich Null. Ich weiß nicht mehr, was ein Fieber ist. Du wirst freilich einwenden, daß meine Person nichts beweist. Komm selbst und sieh. Sobald man dem Europäer etwas heimischen Comfort geben kann, mit einer guten Küche und einem guten Glas Wein, ist meines Erachtens die Klimafrage gelöst. Im Allgemeinen ißt der Europäer zu viel Fleisch hier im Verhältniß zum Gemüse, was zu oft gänzlich fehlt; das Fleisch ist dazu nicht das beste, magere Hühner und trockene Ziegen tagtäglich, selten Fisch, und doch gibt es genug einheimische Gemüse, man muß sie nur in den Dörfern suchen. Die Babuma im Kassai fabriciren eine Bier= art aus Zuckerrohr; wir ziehen das Getränk auf Flaschen und es läßt mich den deutschen Trank nicht gar zu sehr vermissen.

Der Sprache bin ich noch wenig mächtig. Wir befinden uns näm= lich da, wo drei Stämme, jeder mit verschiedener Sprache, sich begegnen. Im Kassai, vier Tagereisen im Canot, hausen die Babuma. Von den Babuma kenne ich nur die Handelsleute, welche ihre verschiedenen Pro= ducte den Kassai herabbringen. Uns gegenüber, auf französischer Seite, sitzen die Bateke, ein großer Stamm, unter der Oberhoheit von Makoko von Mbe, von fünf verschiedenen Njumus regiert. Auch auf unserer Seite sitzen Bateke, südlich vom Kassai dominiren sie über Fluß und Land, nördlich vom Kassai sind sie wohl Eigenthümer des Bodens, zogen sich jedoch vom Flusse zurück, denselben den Bayanzi überlassend. Sie tragen wohl den Typus der Bateke, auch ihre Stammzeichen, eine Anzahl Linien von der Stirne über die Schläfen und Wangen gezogen, jedoch nennen sie sich südlich vom Kassai Basuna und nördlich vom Kassai Bayenye. Die Basuna stehen unter Gantele, Aboa und Ngobila, die Bayenye unter Mu=Manyama, so daß man unter Bateke nur die Untergebenen von Makoko versteht. Das verhindert indessen nicht, daß Basuna und Bayenye auch Bateke genannt werden, zum Unterschiede von den Bayanzi und Babuma. Die Bayanzi kommen von oben, ihre Heimath scheint der Ubangi zu sein, der große Nebenfluß, welcher, von Norden kommend, am Aequator mündet. Allmälig verbreiteten sie sich in Folge ihres Elfen= beinhandels, von dem sie fast ausschließlich leben. Ihre anfänglich nur zeitweiligen Lagerplätze nahmen die Form von Dörfern an, und wilder und kriegerischer wie die Bateke, zwangen sie diese, sie ruhig zu lassen. Sie sind die Herren des Flusses von der Kassaimündung bis zum Aequator auf dem linken Ufer, dagegen gehört das rechte Ufer vom Pool bis in die Nähe der Alima den Bateke. Die Macht der verbün= deten Bateke unter Makoko hielt sie wohl im Respect.

Von diesen drei Stämmen sind die Babuma die arbeitsamsten. Bei den Bateke arbeiten bloß die Frauen im Felde, die Männer treiben Handel, oder schlafen oder plaudern; bei den Bayanzi endlich kennt man keine andere Arbeit als die auf dem Fluß. Diese oft hünenhaften Bur= schen, mit eckigem Gesichte, kräftigen Muskeln, sind die besten Ruderer, die man sich denken kann, und die Weiber rudern mit Vätern, Männern,

Brüdern und Söhnen um die Wette. Sie gehen weithin stromauf und in die Nebenflüsse, kaufen Elfenbein, das sie dann den Bateke am Pool wieder verkaufen, und der Gewinn ernährt sie, so daß sie vorziehen, ihre Lebensmittel bei den Babuma im Kassai oder den Bateke in der Alima zu kaufen.

Ihre Religion ist ein Gemenge von Resten der Uroffenbarung mit Zaubermitteln ꝛc., zu unklar, als daß ich es wagen dürfte, mich in Details einzulassen; hierzu gehört jahrelanges ernstes Studium. Wohl haben sie eine Idee vom Fortleben nach dem Tode, aber in welcher Weise verläuft dieses Leben? Sie haben eine Idee von einem Gotte, aber welches sind seine Eigenschaften, seine Macht, sein Einfluß? Bis heute ein unentwirrbares Chaos für mich. Was geschieht, geschieht unter dem Einfluß guter oder böser Geister, durch Zaubermittel ꝛc., denen man andere entgegensetzt. Stirbt ein angesehener Mann, so hat irgend Einer seinen Tod verschuldet; Sache des Muganga, des Zauberers, den Schuldigen herauszufinden. Im Allgemeinen ist es dann ein fauler Sklave oder ein träges Weib, das seinem Manne die Suppe nicht regelmäßig kocht, die als schuldig erklärt werden und sich durch Nkassatrinken vom Verdachte reinigen müssen. Beim Tode eines Häuptlings enthauptet man noch eine Anzahl Sklaven, deren Schädel sein Grab zieren und deren Seelen ihn begleiten müssen, wie es für einen großen Nkumu sich geziemt. Oft sieht man eine kleine menschliche Figur aus Holz in den Händen der Neger, dies ist ihr Ntussi, mit dem sie schlafen und der den bösen Geist, wenn derselbe den Mann im Schlaf erwürgen will, faßt und vertreibt.

Du siehst, es gibt hier noch viel zu reuten, bis das Unkraut weggeschafft ist, und erst in der Moral! Ich will hierüber nicht weitläufig werden; der Neger ist sehr zurückhaltend und läßt den Fremden nicht leicht in sein häusliches Leben schauen, ich will auch nicht meinen lieben Pfarrkindern in ihrem Rufe schaden. Ein Stamm beschuldigt den andern z. B. der Menschenfresserei: entweder thun es alle oder keiner in der Umgegend. Die Familie ist nicht auf sehr fester Grundlage aufgebaut; daß Polygamie an der Tagesordnung ist, ist klar, sie herrscht ja sozusagen überall, wo das Christenthum nicht die Sitten veredelt und die Ehe geheiligt hat. Ist ja auch schon in Europa die successive Polygamie, die Ehescheidung mit Wiederverheirathung, durch Gesetz sanctionirt, ein Rückschritt zum Heidenthum. Auch fürchten sich die Eingeborenen gar nicht, sich mit mehrern Frauen bei uns vorzustellen; Beweis, daß ihnen dieses natürlich scheint. Dagegen hüten sie sich sehr wohl, durch Unziemlichkeiten in Wort oder Geberde unser Mißfallen zu erregen, wie sie es sich oft genug dem Europäer gegenüber gestatten; aber der Weiße hat dann kein Recht, einen Stein auf sie zu werfen. Es sind Kinder;

sehen sie, daß sie damit dem Weißen Vergnügen machen, so thun sie es, im andern Falle unterlassen sie es, und der Erste, welcher einen Versuch bei uns machte, erhielt eine so deutliche Verwarnung, daß alle Andern glaubten Abstand nehmen zu müssen.

Das Volk läßt in seinem Benehmen absolut nichts zu wünschen übrig. Freilich ist hier kein europäischer Gesellschaftston, der Missionar gewöhnt sich an Negertact, und in vielen Fällen ziehe ich ihn vor. Zum wenigsten macht der Neger keine Complimente äußerlich, wo im Herzen er ganz anders denkt, ein Ding, was mich gelegentlich einer Expedition in den Kassai vor einer unangenehmen Nacht bewahrte. Meine Leute, alles Wilde, fühlten sehr fein heraus, daß man mir in der Nacht einen Streich spielen wollte, ich selbst sah nur im Mangel von Freundlichkeit ein Zeichen schlechter Erziehung, doch belehrte man mich anders: so schlief ich, statt im Dorfe, allein auf dem Usersande unter freiem Himmel in= mitten meiner Bayanzi=Armee; ich hatte 5 Canots mit 25 Flinten. Um nicht den verkehrten Appetit der Leute zu erregen, schoß ich ihnen 10 Flußpferde.

Die Kleidung ist eine decente nach hiesigem Begriffe. Außer Kin= dern bis zu 5—7 Jahren ist Jedermann bekleidet von den Hüften ab= wärts; wer reicher ist, wirft sich noch ein großes Zeugstück über die Schulter, und schleist den Saum über den Boden. Das dichte krause Haar wird sehr künstlich in die verschiedensten Formen geflochten. Der Babuma rasirt den Kopf bis auf den Schopf auf dem Scheitel, der Bateke flicht sich das Haar in eine Art Mütze zusammen, so daß es aussieht, als trüge er ein schwarzes Cerevis auf dem Hinterkopfe, wodurch sein schon langes Gesicht noch länger wird, hier und da kommt dann noch ein Zopf hinzu, der von der Stirne leicht gekrümmt vorwärts steht. Der Bayanzi liebt es, sich zwei Zöpfe, die von den Schläsen abwärts hängen, zu flechten, und ist sein eckiges Gesicht noch eckiger. Zum Ueber= fluß tätowirt er sich noch eine fingerbreite Linie von der Stirne zur Nasenspitze, die sich oft über die Brust fortsetzt und glänzend schwarz ist, nebst einer Linie quer über die Stirne, an Stelle der wegrasirten Augenbrauen, was ihnen einen leidlich wilden Anblick gibt. Stelle dir dann noch die spitz zugeseilten obern Schneidezähne vor und du hast, woraus eine gefühlreiche Phantasie sich einen Menschenfresser bilden kann. Doch ich liebe dies Volk, wie es sich mir vorstellt; ist manches ja noch zu ändern und zu ordnen, die Gnade Gottes hat unsere deutschen Barbaren auch in so weit geändert.

Persönlich sind wir völlig sicher unter den Wilden, man achtet uns, und ich darf wohl auch sagen, man liebt uns. Die Kranken und Verwun= deten kommen und sind erstaunt, viel kräftigere (Zauber=) Mittel gegen

Krankheiten als von ihren Zauberern zu erhalten und das gratis. Einer fand sogar den Grund dazu. Eines Tages sagten wir, die guten Menschen gingen nach dem Tode zu Ndjakumba (Gott), die bösen zu den Virinu (bösen Geistern), worauf einer der Umstehenden seinen Stammesgenossen klar machte, wir pflegten die Kranken, um nach dem Tode zu Ndjakumba zu gehen. Darauf langes Verhandeln zwischen ihnen, und die Erklärung, der Mundele (Weiße) wisse alles sehr genau, sie, die Bayanzi wüßten nichts. Doch Geduld, diese Kenntniß wird auch kommen. Freilich wird es manchen Schweißtropfen, wohl auch manchen Blutstropfen kosten, bis diese Aenderung vollzogen ist. Sobald den Zauberern der Boden entzogen wird, werden sie alles versuchen, die Stämme gegen uns aufzuhetzen. Doch was liegt daran? Der Mensch verschwindet, Gott bleibt, und Ihm gehört doch der endgültige Sieg auch in diesem Lande. Wenn unsere Arbeiten, unsere Leiden und, soll es sein, unser Tod das Endresultat etwas näher bringt, wir sind überreichlich bezahlt. Also Geduld und Gottvertrauen!

Gegen Veröffentlichungen habe ich einige Abneigung. Nach einigen Jahren werde ich vielleicht das eine oder andere Gebiet so beherrschen, um sprechen zu können; bis dahin wünsche ich nicht in Zeitungen herumgeschleppt zu werden, es bietet keinen Nutzen, und zudem sind ja die ersten Eindrücke oft so fehlerhaft und ungenau, daß man später immer zu verbessern hat, und es gibt so böswillige Menschen, die einen sofort auf einen Irrthum festnageln, der sich bei der Neuheit der Dinge gar nicht vermeiden läßt. Ich wünschte, dergleichen Kritiker würden für ein Jahr verurtheilt, in einem neuen Lande zu leben und ihre Eindrücke niederzuschreiben, vielleicht würde das sie bekehren. Wenn ich heute lese, was ich vor 18 Monaten in mein Tagebuch schrieb, da muß ich selber oft mich bemitleiden über die Naivetät meiner Ideen, und wenn nach sechs Monaten ich diese Zeilen gedruckt fände, würde ich wahrscheinlich auch das eine oder andere daran auszusetzen haben. Darum habe ich auch vorsichtiger Weise wenig Details gegeben. Das für später, damit das Unheil wenigstens nicht gar zu bedeutend ist.

Jahresberichte und Vereinsgaben ferner:

1884. Franz Wilhelm Woker, Aus Norddeutschen Missionen des 17. und 18. Jahrhunderts. Franciscaner, Dominicaner und andere Missionare. (I. Vereinsschrift.) 122 Seiten. geh. M. 1.80.

Prof. Dr. Hipler, Die christliche Geschichts-Auffassung. (II. Vereinsschrift.) 104 Seiten. geh. M. 1.80.

Prof. Dr. Joseph Pohle, Die Sternwelten u. ihre Bewohner. I. Theil. (III. Vereinsschrift.) 128 Seiten. geh. M. 1.80.

Jahresbericht. 52 Seiten.

Anhang: Verzeichniß d. Mitglieder und Theilnehmer der Görres-Gesellschaft. 40 Seiten.

1885. Franz Wilhelm Woker, Aus den Papieren des kurpfälzischen Ministers Agostino Steffani, Bischofs v. Spiga, spätern apostolischen Vicars v. Norddeutschland. Deutsche Angelegenheiten, Friedens-Verhandlungen zwischen Papst u. Kaiser 1703–1709. (I. Vereinsschrift.) 132 S. geh. M. 1.80.

Prof. Dr. Jos. Pohle, Die Sternwelten und ihre Bewohner. I. Theil. Schluß. (II. und III. Vereinsschrift.) 220 Seiten. geh. M. 3.60.

Jahresbericht. 12 Seiten.

1886. Dr. W. Pingsmann, Santa Teresa de Jesús. Eine Studie über das Leben und die Schriften der hl. Theresia. (I. Vereinsschrift.) 116 Seiten. geh. M. 1.80.

Dr. Anton Pieper, Die Propaganda-Congregation und die nordischen Missionen im siebenzehnten Jahrhundert. (II. Vereinsschrift.) 116 S. geh. M. 1,80.

Franz Wilhelm Woker, Agostino Steffani, Bischof von Spiga i. p. i., apostolischer Vicar von Norddeutschland 1709–1728. (III. Vereinsschrift.) 114 Seiten. geh. M. 1.80.

Jahresbericht. 28 Seiten.

1887. Aurel Abeodatus, Die Philosophie und Cultur der Neuzeit und die Philosophie des h. Thomas von Aquino. — Prof. Dr. Dittrich, Die mittelalterliche Kunst im Ordenslande Preußen. (I. Vereinsschrift.) 106 Seiten. geh. M. 1.80.

Franz Schauerte, Gustav Adolf und die Katholiken in Erfurt. (II. Vereinsschrift.) 96 Seiten. geh. M. 1.80.

Heinrich Keiter, Joseph von Eichendorff. Sein Leben und seine Dichtungen. Zur 100 jährigen Geburtstagsfeier am 10. März 1888 (III. Vereinsschrift.) 120 Seiten. geh. M. 1.80.

Jahresbericht 28 Seiten.

1888 Dr. Franz Hettinger, Dante's Geistesgang. (I. Vereinsschrift.) 140 Seiten. geh. M. 2.25.

Dr. Joh. Heinr. Schwicker, Peter Pázmány, Cardinal-Erzbischof u. Primas von Ungarn und seine Zeit. (II. Vereinsschrift.) 104 Seiten. geh. M. 1.80.

Joseph Plaßmann, Die veränderlichen Sterne. Darstellung der wichtigsten Beobachtungs-Ergebnisse und Erklärungs-Versuche. (III. Vereinsschrift.) 120 Seiten. geh. M. 1.80.

Jahresbericht, 16 Seiten.

1889. Karl Hespers, Zwei Jahre am Congo. Erlebnisse und Schilderungen von P. August Schynse. Mit 7 Abbildungen. (I. Vereinsschrift.) 104 Seiten. geh. M. 2.